RUMO A UM NOVO TEATRO
&
CENA

RUMO A UM NOVO TEATRO

POR

EDWARD GORDON CRAIG

Com tradução e apresentação geral de
LUIZ FERNANDO RAMOS

SÃO PAULO:
EDITORA PERSPECTIVA
MMXVII

CENA

POR

EDWARD GORDON CRAIG

Com tradução de
LUIZ FERNANDO RAMOS

SÃO PAULO:
EDITORA PERSPECTIVA
MMXVII

Copyright © of The Edward Gordon Craig Estate

Todas as ilustrações foram reproduzidas com a autorização do The Edward Gordon Craig Estate.

Equipe de realização
EDIÇÃO DE TEXTO: Juliana Sergio
REVISÃO: Elen Durando
COORDENAÇÃO DE EDIÇÃO: Luiz Henrique Soares e Elen Durando
CAPA E PROJETO GRÁFICO: Sergio Kon
PRODUÇÃO: Ricardo W. Neves, Sergio Kon e Lia N. Marques.

CIP-Brasil. Catalogação na Publicação
Sindicato Nacional dos Editores de Livros, RJ

C923r
    Craig, Edward Gordon, 1872-1966
    Rumo a um novo teatro e cena / Edward Gordon Craig ;
tradução Luiz Fernando Ramos. - 1. ed. - São Paulo : Perspectiva,
2017.
    272 p. : il. ; 26 cm.

    Tradução de: Towards a new theatre; forty designs for stage e
scene
    Inclui bibliografia
    ISBN: 978-85-273-1082-6

    1. Teatro inglês. 2. Craig, Edward Gordon . 1. Ramos, Luiz Fer-
nando. 11. Título.

16-38436
                            CDD: 822
                            CDU: 821.111-2

05/12/2016 05/12/2016

Direitos reservados em lingua portuguesa à
EDITORA PERSPECTIVA LTDA.
Av. Brigadeiro Luís Antônio, 3025
01401-000 São Paulo SP Brasil
Telefax: (011) 3885-8388
www.editoraperspectiva.com.br

2017

SUMÁRIO

Nota de Edição
por J. Guinsburg

9

Gordon Craig: Inventor da Cena Moderna
por Luiz Fernando Ramos

11

Bibliografia

33

RUMO A UM NOVO TEATRO

35

CENA

181

NOTA DE EDIÇÃO

EDITAR o conjunto dos trabalhos de Gordon Craig é, para a editora Perspectiva, não apenas a oportunidade de proporcionar ao nosso leitor uma visão abrangente e textual do pensamento estético-teatral de um dos mais significativos articuladores das novas concepções que presidiram o fazer cênico desde o começo do século xx. Só esse fato justificaria a escolha do editor, em ressarcimento de uma dívida que ele contraiu como professor, por quase três décadas, de Estética, Teoria e Crítica Teatral na Escola de Arte Dramática e no Departamento de Artes Cênicas da eca-usp, em função do currículo que estabelecera e, sobretudo, da proposta que pretendia transmitir a seus alunos, futuros professores, atores, encenadores e profissionais dos tablados brasileiros. É, pois, com satisfação que ele começa a saldar agora esse débito, pela competente organização e tradução que Luiz Fernando Ramos efetua dos ensaios e reflexões desse inovador e pela penetrante interpretação que dá ao sentido dessa obra.

De parte da editora Perspectiva e de sua equipe, bem como de seu responsável e de seu programa, vale ressaltar que *Rumo a um Novo Teatro* e *Cena*, que compõem este primeiro volume, e os escritos do mesmo autor que formarão os demais somam-se à estante de livros dos pioneiros, dos criadores históricos e dos intérpretes e críticos que levam à frente na contemporaneidade o Novo Teatro. Nele, Gordon Craig ocupa o lugar que lhe é devido, há muito tempo, como um clássico-moderno em nossa bibliografia teatral, inspirador que foi e é de múltiplas derivações e fecundas aplicações cênicas e, portanto, como instrumento incessantemente atuante no processo criativo e no debate conceitual e crítico sobre a "ideia de teatro" no palco e nas plateias de seus supermarionetes e de seus supermanipuladores.

J. GUINSBURG

GORDON CRAIG: INVENTOR DA CENA MODERNA

UM poeta que projetou as maravilhas de um teatro novo e encantou seus contemporâneos com elas, seja encenando essas antevisões, seja gravando-as na madeira e no metal e antecipando cenas só realizáveis no nosso tempo. Esse é Edward Gordon Craig (1872-1966), artista que encenou poucos e inesquecíveis espetáculos, escreveu muito e desenhou mais ainda, mas cuja contribuição à história do teatro ainda é subestimada, e cujo legado literário e pictórico está disperso, sobretudo no que diz respeito ao entrelaçamento dessas duas dimensões ao longo de toda sua produção.

Nos últimos cinquenta anos, muitos estudos se produziram em torno de suas criações cênicas, raras e impactantes, e a partir de seus livros teóricos, influentes e precursores. Pelo menos duas gerações de pesquisadores reviraram seus arquivos, hoje espalhados em diversas coleções pelo mundo todo e tornados itens valiosos no mercado dos colecionadores. Diversas perspectivas se formularam na recepção desse vasto e, algumas vezes, ainda intocado material. Entre os aspectos mais convergentes dessas recepções está o reconhecimento de que, pelo menos em tese, enquanto projeto formulado tanto racional como poeticamente, por meio de textos, espetáculos, desenhos e gravuras, a obra de Craig configurou grandemente a cena moderna e antecipou alguns aspectos da cena contemporânea.

No Brasil, esse artista seminal do teatro no século xx nunca foi propriamente publicado. Seu principal livro, *On the Art of the Theatre* (Sobre a Arte do Teatro), editado originalmente em 1905 como *The Art of the Theatre* (A Arte do Teatro), e republicado em seguida, em versões ampliadas e com o novo nome, em 1907 e 1911, foi traduzido à época em diversas línguas e tornou-se um livro obrigatório para os artistas da primeira metade do século passado. Na língua portuguesa, havia uma versão parcial de Redondo Júnior, que foi revista e publicada com acréscimos em CD-ROM pela pesquisadora portuguesa Eugénia Vasques[1]. A tradução e publicação deste e de outros livros e textos de Gordon Craig está nos planos da editora Perspectiva. Para iniciar essa série, foram selecionados dois livros menos conhecidos de Craig, *Towards a New Theatre* (Rumo a um Novo Teatro) e *Scene* (Cena). Nunca publicados em português, eles são, talvez, seus dois textos mais importantes, por abordarem de perspectivas distintas o projeto Scene, sua principal invenção, que mesmo ignorada à época em que ele a revelou, terminaria por revolucionar a cenografia e a cena do século xx.

O projeto se estruturava por meio de *screens* ou telas/biombos[2]. Ele foi patenteado em 1910 em quatro países (Inglaterra, França, Alemanha

1 *Da Arte do Teatro*, 5. ed., Lisboa: Escola Superior de Teatro e Cinema, 2015.

2 Nos seus textos, Craig utilizou sempre e unicamente o termo *screen*, que em inglês pode significar, em português, tanto tela como biombo. Em francês, o termo é traduzido como *paravent*. A diferença estaria sempre relacionada ao contexto da frase, mas essa ambiguidade é também decisiva para entender-se o projeto de Craig, como se pretende demonstrar aqui.

e Estados Unidos) e continuou sendo desenvolvido por Craig até a década de 1920. No texto da patente, descritivo e apoiado em desenhos técnicos, Craig apresenta e defende apaixonadamente suas *screens*: dispositivos de telas articuladas em abas que, sustentadas sobre rodas, almejavam dar à arquitetura cênica uma mobilidade e flutuação só habituais à música[3]. O dispositivo ensejava a construção de ambientes cênicos abstratos, já ambicionados pelos poetas simbolistas, mas também pretendia servir à encenação de dramas convencionais, substituindo a cenografia imóvel e pesada da cena realista pela leveza dessas telas móveis, e gerando, com isso, além de novas possibilidades representacionais para a arte da cena, uma enorme economia potencial de materiais e de pessoal. Mesmo não tendo a adesão do mercado à época, esse dispositivo, que foi testado por Craig em duas circunstâncias em 1911 – na encenação de *Hamlet* pelo Teatro de Arte de Moscou, uma conturbada parceria sua com Stanislávski, e em algumas encenações do Abbey Theatre de Dublin, na Irlanda, pelo poeta e dramaturgo W.B. Yeats –, acabou sendo grandemente assimilado pela cenografia do século xx. Com resultados distintos em cada uma dessas suas tentativas, mais bem-sucedida em Dublin do que em Moscou[4], Craig

3 Os folhetos impressos com o projeto encontram-se no arquivo Craig da Biblioteca Nacional da França, bem como os protótipos das *screens*, cerca de uma centena de pequenas telas de papel-cartão, que integravam o que Craig chamava de seus modelos. Cf. Luiz Fernando Ramos, O Projeto *Scene* de Gordon Craig: Uma História Aberta à Revisão, *Revista Brasileira dos Estudos da Presença*, v. 4, n. 3, set.-dez. 2014.

4 Depois de três anos de preparação, o espetáculo estreou no TAM, de Moscou, sem que o sistema das *screens* fosse plenamente utilizado (c.f. L. Senelick, *Gordon Craig's Moscow Hamlet*, Westport/London: Greenwood, 1982). Em Dublin, as *screens* foram utilizadas na montagem de *The Hour Glass*, de W.B. Yeats, dirigida pelo próprio autor. Mesmo mais bem ▶

não abandonou o projeto até 1922, quando escreveu *Cena*. Ali ele fez, propriamente, um balanço de tudo o que havia obtido e, mesmo reconhecendo que não realizara o que tinha vislumbrado, ainda em 1907, como uma nova e revolucionária "cena cinética", avançou teoricamente, situando sua invenção no contexto da história do teatro. Um esforço preliminar nesse sentido havia sido feito nove anos antes, em 1913, exatamente ao escrever *Rumo a um Novo Teatro*, em que já se referia objetivamente ao então recém-criado projeto Scene.

De comum entre estas duas obras, que agora chegam ao leitor em língua portuguesa, há, além do foco no projeto Scene, o fato de os dois livros combinarem textos e gravuras. Eles são particularmente exemplares do hábito de Craig, que permeou toda sua vida e obra, de misturar as habilidades de escritor e gravador. No caso de *Rumo a um Novo Teatro*, o jogo entre texto e gravura é mais direto, pois cada uma das 43 imagens merece um texto escrito em diálogo com a gravura ou desenho selecionado. Em *Cena*, são apresentadas as gravuras em metal de 1907, sementes inspiradoras do projeto patenteado em 1910, que participam do livro de forma complementar. Revela-se nesses dois textos programáticos a profunda influência que o Craig artista plástico, da gravura e do desenho, teve sobre o Craig artista cênico e escritor.

▷ recebidas que em Moscou, também permaneceram estáticas. Cf. K. Dorn, *Players and Painted Stage: The Theatre of W.B. Yeats*, Sussex/New Jersey: The Harvest Press/Barnes and Nobles, 1987.

RUMO A UM NOVO TEATRO

Em 1913, quando escreveu *Rumo a um Novo Teatro*, Gordon Craig vivia um momento crucial de sua carreira como artista cênico. Depois de encantar os contemporâneos com suas primeiras, e de fato únicas, encenações completamente autorais em Londres, entre 1900 e 1904[5], e ter se tornado mundialmente famoso com a publicação de seu primeiro livro, *A Arte do Teatro*, ele se estabeleceu em Florença em 1907. Ali, numa antiga arena a céu aberto, alugada da municipalidade, Craig passou, a partir de 1908, a publicar a revista *The Mask* (mantida irregularmente até 1928) e a desenvolver o projeto de uma escola, que acabou não vingando por conta, sobretudo, do início da Primeira Guerra Mundial. Nos poucos meses entre 1913 e 1914 em que a escola funcionou na Arena Goldoni, como era chamado o espaço, Craig alimentou a esperança de formar artistas e técnicos que o acompanhariam na tarefa de criar o "teatro do futuro". Como poderá ser constatado a seguir, sua fixação com o futuro não esconde seu grande interesse pelo passado, tal é a reverência com que trata os teatros da Antiguidade, grande inspiração de seu ideário. Mas o que configuraria um paradoxo – a mirada no futuro com as lentes do passado – não desinveste suas ideias de seu caráter original e antecipatório, principalmente a de uma nova cena que desse ao teatro a condição de arte autônoma, uma que fosse parelha à arquitetura e à música e distinta da literatura.

---

5 As encenações foram produzidas pela Purcell Operatic Society, uma iniciativa de Craig e de seu amigo, o músico e maestro Martim Shaw. Eles encenaram juntos, em Londres: em 1900, *Dido e Eneas*, de Purcell, no Hampstead Conservatoire; em 1901, *Dido e Eneas* e *Masque of Love*, a partir da ópera *Diocleciano* de Purcell, no Coronet Theatre; e, em 1903, *Masque of Love* e *Acis e Galatea*, de Haendel, no Great Queen Street Theatre. Em 1904, Craig encenou, com produção de sua mãe, a atriz Ellen Terry, *Much Ado about Nothing*, de Shakespeare, e *The Vikings at Helgeland*, de Ibsen.

Essa aspiração já tinha sido conceptualmente exposta em *Sobre a Arte do Teatro*, mas agora, no novo livro, tratava-se de fazer o rescaldo de uma década, incluindo-se aí suas primeiras encenações, seu desdobramento teórico nos livros e artigos publicados, e, mais importante, a reafirmação de seu projeto Scene, parcialmente realizado nas montagens de Moscou e Dublin, quando atuou mais como cenógrafo do que como encenador. Agora, pois, aquelas experiências desdobravam-se no laboratório ativo que a sua escola efetivamente foi, desenvolvendo processos pedagógicos a partir do uso das telas e do aperfeiçoamento técnico daquele projeto, em uma dinâmica experimental que antecipava claramente os atuais processos colaborativos.

Outra especificidade do livro é que esse caminho percorrido é evocado a partir de gravuras e desenhos realizados em diversos momentos. Assim, cada texto, além de comentar uma imagem criada e contextualizá-la em sua trajetória desde 1900, materializa o diálogo do artista gráfico com o artista cênico e pensador da cena. Em algum momento, ele se refere a 32 desenhos, que são aqueles produzidos entre 1900 e 1910, mas o livro traz efetivamente 43 imagens, que chegam ao leitor brasileiro como exemplos acabados do talento de Craig como gravador.

Craig é um escritor prolixo, dono de um estilo singular que combina um modo indireto de abordar as questões com a busca contínua da frase bem-humorada e espirituosa. Se não tem o talento de Oscar Wilde para o chiste e a agudeza do ataque, nunca deixa de jogar com as palavras e flertar com a ironia. Característica também de sua prosa, principalmente quando ela se leva mais a sério, é um tom messiânico que muitas vezes imprime às suas afirmações. Algumas vezes, essa voz imperativa assume um caráter oracular e, com efeito, prenuncia fatos e situações futuras com espantosa clarividência. Em outros momentos, chega a ter um viés de arrogância que, além de evidenciar o ressentimento por não ver reconhecida sua obra, beira o patético e não condiz com a grandeza de suas realizações. Em verdade, de um modo geral, não só nesses dois livros aqui traduzidos, mas em todos os seus textos, transparece no diálogo com o leitor um movimento pendular entre uma modéstia excessiva, quando exagera no que não logrou alcançar, e uma confiança absoluta de que só ele seria capaz de fazer emergir o "novo teatro". Nesse sentido, *Rumo a um Novo Teatro*, por referir-se aos primeiros dez anos de sua produção, remete às "pequenas descobertas", enquanto "as maiores e finalmente grandes descobertas nos esperam". Assim, quando se trata de pensar um "novo teatro", procura logo esclarecer que é o dele, que ainda está por ser fundado, e não o de eventuais "saqueadores", sempre prontos a, como um espelho, copiar e conspurcar o que não foram capazes de genuinamente criar. Craig dirige-se a um leitor genérico, mas, muitas vezes, deixa implícito que está sendo lido por jovens artistas do mundo todo, a quem aconselha, como um antídoto ao roubo, a evitarem o "perigo de revelar" seus achados aos predadores. Outras vezes, quando reclama de nunca terem lhe oferecido, em sua terra natal, as condições para criar seu próprio teatro, suas palavras ácidas endereçam-se mais claramente aos leitores ingleses ou, pelo menos, ao *statu quo* teatral inglês.

O livro começa com um prefácio muito significativo, no qual Craig reconhece suas dívidas com os artistas do passado, principalmente Leonardo da Vinci, que assume como sua grande inspiração e referência. O prefácio sintetiza os temas dos quais tratará de forma fragmentária na dezena de comentários seguintes, quer seja os que se referem diretamente a gravuras ou desenhos, quer aqueles que extrapolam para os tópicos de interesse dominantes em Craig, sobretudo o próprio projeto Scene, que será abordado de forma mais direta em *Cena*, só publicado em 1923. Assim, no prefácio de *Rumo a um Novo Teatro*, se ele ressalta, contra aqueles que querem vê-lo apenas como um cenógrafo, a importância da "ação" e da "voz" nos processos teatrais, para além dos aspectos cênicos, não deixa de pontuar que dedicará boa parte de sua escritura ao tratamento direto de questões de cenografia, arquitetura e espaço cênicos. Chega a antecipar que pretende publicar um livro específico sobre isso, e mostra-se um crítico rigoroso da cenografia que produziu nos anos pregressos, admitindo que seus desenhos "não são bons para cenografia de palco" se comparados "aos mais nobres" da Antiguidade, quando "eles construíam os teatros para seus dramas e não seus dramas para seus teatros". Nesse momento, principalmente quando o parâmetro de comparação é o da Grécia antiga, onde o espaço cênico do teatro confundia-se com o espaço arquitetônico, ele toca numa das questões mais intrigantes de sua obra teórica que é a da iluminação, mais especificamente do contraste entre a luz artificial e a luz natural, do sol. Tanto na adoração a Da Vinci, em quem percebe um captador do movimento da natureza, particularmente das variações da luz solar, como no destaque ao teatro grego e sua espacialidade dependente do sol para se revelar, Craig não cessa de propor um retorno a essa possibilidade de iluminação, a ser resgatada no teatro novo que almeja criar. E não se trata mesmo de um retorno ao teatro medieval ou ao Globe Theatre de Shakespeare, que teriam herdado parcialmente essa tradição de um teatro ao ar livre, mas de compatibilizar seu projeto Scene com essa perspectiva da luz solar como principal fonte. O que intriga nesses comentários é que todo o projeto, se não descarta apresentações ao ar livre, pressupõe a luz elétrica ou artificial como um de seus elementos decisivos. Como se verá no livro posterior, *Cena*, esse tema retorna e se intensifica.

Quanto aos desenhos e gravuras de *Rumo a um Novo Teatro*, ele os reconhece como "meus esforços no estabelecimento de uma divisa que delimita uma fase da arte teatral", que já teria sido ultrapassada, ainda que não se sinta apto a descrever plenamente o que, de fato, teria alcançado, o que só o fará concretamente no livro de 1923. Mas a simples reunião dessa matéria visual gravada e desenhada permite-lhe propor uma avaliação retrospectiva de sua obra frente aos teatros grego, medieval e renascentista. Ao descrever as imagens apresentadas, quer se tratem de criações que não partiram de nenhuma dramaturgia anterior e são apenas sugestões visuais para futuras encenações, como quando justifica suas opções cenográficas na tradução de textos canônicos de Ibsen ou Shakespeare, Craig está antecipando a potencialidade dramatúrgica que as rubricas adquiririam crescentemente no século xx. Essa literatura que produz um híbrido de narrativa, programa estético e prosa poética é, pode-se dizer, uma literatura da teatralidade ou uma que tem a matéria cênica, espacial e arquitetônica como seu tema central.

Cabe ainda mencionar como significativo, nesse livro de 1913, a retomada da discussão sobre o papel do ator nesse novo teatro, que ele ao mesmo tempo engendra conceitualmente e tenta vislumbrar com sua pena de artista gráfico. Naquele momento, já ficara para trás a polêmica criada por seu artigo "O Ator e o *Ubermarionete*", de 1907, quando propôs que os atores deveriam ser substituídos por superbonecos, ou, como já pode ser aceito contemporaneamente, subsumidos em armaduras ou carcaças que os deixassem imóveis e engrandecidos visualmente, para dialogarem melhor com as *screens* e os volumes arquitetônicos que estas engendrassem[6]. Craig não retorna ao assunto, mas faz uma menção velada ao *ubermarionete* quando comenta, em um texto sobre a primeira cena de Hamlet, como, em dois momentos

6 Cf. Patrick Le Boeuf, Gordon Craig's Self-Contradictions, *Revista Brasileira dos Estudos da Presença*, v. 4., n. 3, set-dez 2014.

diferentes, desenhou a personagem em situações singulares frente ao "lugar" em que se encontrava. Em ambas, exigiria-se um "boneco superior", cuja face deveria "desaparecer", não restando "nada a não ser suas ações", mas que ainda assim este deveria prevalecer sobre o espaço em torno. Ele também profetiza que haverá um tempo em que os grandes atores "estarão totalmente extintos", que apresenta, em chave distinta à do histórico artigo, a supressão dos atores de sua cena.

Finalmente, é notável um comentário, no trecho final do primeiro texto chamado "Telas", sobre a *Poética* de Aristóteles, no qual, sem nenhum travo acadêmico, mas antecipando muito o que uma leitura mais contemporânea daquele texto canônico da teoria do teatro propõe, ele minimiza a relevância do trecho em que o filósofo percebe o espetáculo como o elemento menos relevante da tragédia grega. Sem aparato crítico mais consistente, apenas com a intuição artística, ele aponta o exagero de se ver ali uma desqualificação definitiva por Aristóteles da dimensão espetacular no fenômeno teatral.

No último texto, o segundo chamado "Telas", sem entrar na questão que será central em *Cena*, como a resguardar-se de antecipar seus achados, ele já denota toda a esperança de redenção do teatro que projetará ali. O posfácio também antecipa o livro seguinte, mormente no ataque frontal ao realismo, que associa ao fim da beleza e aos movimentos de revolução social que emergiam a sua volta. Essa posição, que pode ser lida simplesmente como aristocrática e reacionária, admitindo-se que Craig, ao contrário dos artistas das vanguardas históricas, cultivaria um classicismo que harmonizasse as formas artísticas, não deixa de ser mais complexa e interessante do que parece à primeira vista, quando se considera que o ataque ao realismo tem a ver com as exigências que, ele supõe, aquela estética imporia ao teatro, tolhendo-lhe sua liberdade de selecionar e mostrar o que bem entendesse, "livre da tutoria das outras artes" ou determinando-lhe "como deveria mostrar" o que quer que pretendesse fazê-lo. É essa liberdade nova do teatro, de que se sente o porta-voz, que lhe traz esperanças para o futuro.

CENA

O contexto em que Gordon Craig escreveu *Cena* é completamente distinto do que vivia quando escreveu e publicou *Rumo a um Novo Teatro*. Nos anos transcorridos entre os dois livros, Craig viu sua escola ser fechada para ter seu espaço utilizado pelo exército italiano, atravessou a Primeira Guerra Mundial vivendo em diversos lugares da Itália e enfrentando grandes dificuldades. Estabeleceu-se, finalmente, em Rapallo, na costa do mar Tirreno, com sua mulher, Elena Meo, e seus dois filhos, Teddy e Edith, já no início da década de 1920. Nesse período, Craig basicamente sobreviveu fazendo gravuras, já que sua fama como editor e artista gráfico era consolidada, e depositou boa parte de sua energia criativa em um novo projeto. Este, se não era completamente avesso a seus objetivos no início da década de 1910, distanciava-se bastante deles. Desde 1916, em plena guerra e servindo-se da profusão de materiais e informações que dispunha na Itália sobre o teatro de bonecos – a tradição dos *buratiini* –, começou a acalentar o projeto de escrever um conjunto de peças curtas para bonecos pequenos, visando o público infantil. Como todos os projetos de Craig, esse também era bem ambicioso. Nos registros que restaram dos planos originais, o *Drama for Fools* (Drama Para os Bobos), como o chamou, deveria integrar um total de 365 textos, a serem encenados um a cada dia do ano. Mas, em vez da grandiosidade da cena sonhada ainda em 1907, Craig pretendia, na encenação dessa dramaturgia, obter a graça singela do teatro de marionetes mais comezinho. De qualquer modo, o projeto não se concretizou plenamente e aquelas peças só vieram a ser encenadas, pela primeira vez, na década de 1980, na própria Itália, quando uma pesquisadora as descobriu e as ofereceu a uma companhia especializada[7]. Mesmo o desafio de escrever centenas de peças, justamente ele que, nos vários prólogos que fez para o projeto, reconhecia sua própria inaptidão para o *métier* de dramaturgo, foi só parcialmente cumprido. Sob o pseudônimo de Tom Fool, o autor autoproclamado do *Drama Para os Bobos*, Craig chegou a escrever 35 peças, a maioria delas interligadas como se fossem uma série com personagens fixas. Entre os protagonistas, destacam-se dois que aparecem em quase todas elas: a Cokatrice (uma minhoca com a cabeça de uma ave mitológica) e o Blind Boy (um menino de uma favela londrina que só é cego para as coisas feias). Ainda que tenha trabalhado sobre esses textos até os seus últimos dias de lucidez, já nos primeiros anos da década de 1960, corrigindo-os e anotando-os, a maior parte deles foi realmente feita nos dois últimos anos da primeira guerra mundial, até 1918. Naquele ano, entusiasmado com o que produzira até ali, Craig decidiu criar um novo periódico em brochura, além do

---

7 Uma cópia datilografada dos originais foi realizada, ainda nos anos 1970, pelo botânico e colecionador William A. Emboden, e encontra-se disponível nos arquivos da Theatre and Performance Collection do Victoria & Albert Museum, em Londres. Em 1980, a pesquisadora italiana Marina Maymone Siniscalchi recebeu do filho de Craig, Edward Craig, algumas peças que não constavam da coleção adquirida por Emboden anos antes e, com a colaboração de Maria Signorelli e do grupo italiano Nova Opera dei Burattini, encenou-se em Roma, em maio de 1980, o espetáculo *Signori, La Marionetta*, com uma colagem daqueles textos adquiridos por Siniscalchi.

então já consagrado internacionalmente *The Mask*, chamado *The Marionette*, que editaria por doze meses, publicando nele algumas daquelas peças, além de textos e informações sobre as técnicas de teatro de bonecos de diversas culturas e países. Recentemente, o Instituto Internacional da Marionete publicou um volume, editado por Didier Plassard, que reúne uma seleção dos prólogos e peças do *Drama for Fools* em inglês e francês, acompanhados das dezenas de desenhos em cores que o próprio Craig produziu sobre as personagens e algumas das cenas de suas peças[8].

Esse mergulho de Craig na tradição marionetista e seu afastamento dos temas com que lidava ainda em 1913, antes da guerra e do abandono completo de seus planos anteriores, principalmente do projeto Scene, é fundamental para compreender por que, em 1922, ele decidiu empreender um novo livro, retomando o que ficara pelo caminho. Restabelecido depois de tantos tropeços e vivendo os anos que, em sua biografia, são apontados como os de maior conforto e harmonia com sua família mais constante (Craig teve muitas mulheres e filhos, mas os dois filhos com Elena Meo são os que sempre estiveram mais próximos dele, e isso até sua morte)[9], ele se sentiu motivado a retomar seu projeto mais ambicioso, tentando de alguma forma fixá-lo para a posteridade. Ele ainda trabalharia com as *screens* até 1926, pelo menos, e nunca deixaria de evocá-las nas dezenas de entrevistas que deu nas décadas seguintes, mas escrever *Scene* era um meio de assenhorar-se

---

8 Edward Gordon Craig, *Le Théâtre des Fous/The Drama for Fools*, Édition bilingue établie par Didier Plassard, Marion Chénetier-Alev et Marc Duvillier, Montpellier: L'Entretemps, 2012.

9 Ver, a respeito, a melhor biografia sobre o artista, escrita pelo seu filho, Teddy: Edward Craig, *Gordon Craig: The Story of his Life*, New York: Alfred A. Knopf, 1968.

do que já havia obtido prática e teoricamente, e tornou o livro um vero testamento às futuras gerações.

Cena, ao contrário do fragmentado *Rumo a um Novo Teatro*, é um texto íntegro que desenvolve um argumento claro e se fecha em si mesmo. Claro que com seu estilo dado a desvios e derivas, circunvolui retoricamente em várias direções e abre-se com um tortuoso raciocínio sobre a verdade e a mentira do que se diz, e sobre como é difícil se fazer entender de fato. Mas há um argumento claro que logo prevalece: trata-se de pensar o teatro como um "lugar", ou um espaço, que tem de ser criado e que, independentemente dos lugares que venha a referenciar, de quaisquer lugares, enfim, seja "o lugar", substantivo, autônomo, como algo que fale por si. E eis por que, desde o princípio, ele se coloca as dificuldades de apresentar esse lugar. Como diz, "o problema maior resta nos desenhos [...] e estes devem falar por si, pois eu não deveria falar sobre eles". Aqui, mais uma vez, aparece a relação direta entre as gravuras e os desenhos e a cena sonhada, como se eles bastassem para enunciá-la enquanto sugestão, mas não fossem suficientes para concretizá-la. No caso, os dezenove desenhos que apresenta anexos são a série criada em 1907 e que ensejou, para o bem ou para o mal, todo o projeto Scene. Quando, em 1910, ele o patenteou, teve que se circunscrever objetivamente aos desenhos técnicos das *screens* e oferecer um discurso pragmático sobre o seu funcionamento e utilidade aos produtores da época, já que se tratava de "vender" uma ideia, o que o afastou da prosa que, três anos antes, descrevera a "cena cinética" – uma cena mutante cuja arquitetura alcançava a mobilidade e a fluidez da música – sem ter que se ater a limitações práticas e permitindo-se apenas sugeri-la poeticamente. Há, pois, na raiz do projeto Scene uma tensão entre duas estratégicas retóricas da qual, nesse texto de 1922, Craig não pode se furtar. O livro, afinal, é a oportunidade de ajustar as contas com ela e, de fato, ele o fará, ainda que persista até o fim uma ambiguidade que ele não será capaz de resolver e que, de certo modo, vai continuar alimentando.

Do argumento inicial, a cena é um "lugar", o texto logo encaminha seu desdobramento histórico, a construção da narrativa que será a espinha dorsal do livro. Desde a Antiguidade, sucederam-se quatro modelos de drama: (i) o clássico (grego e romano); (ii) o medieval (cristão); (iii) o italiano ao ar livre (a *Commedia dell'Arte*); (iv) e um que inicialmente não nomeia, mas que podemos reconhecer como o teatro em espaço fechado, ou o teatro como era conhecido até a época em que Craig escrevia, que tem sua origem na Renascença italiana e desdobra-se no drama moderno. De fato, já nesse primeiro prólogo de sua narrativa histórica principal, que será retomada à frente de maneira mais clara, Craig abusa da prolixidade e faz digressões pouco úteis ao ponto que pretende chegar, ou seja, de que a sua cena, ou o projeto Scene, mesmo em seu desenvolvimento parcial, concretizado nas *screens* patenteadas e agora retomado, seria a "quinta cena". Na verdade, ele só entrará nesse assunto realmente no último terço do livro, oferecendo, por enquanto, um pano de fundo em que parece querer valorizar os antecedentes, como um narrador que exagerasse nos prolegômenos em busca de um efeito mais sensacional quando sua trama se desatasse. Curiosamente, também, nessa primeira parte, em que esboça o desenvolvimento histórico das quatro cenas, ele prefere utilizar as expressões primeiro, segundo, terceiro e quarto "dramas", terminologia que, na nossa perspectiva contemporânea, na qual o teatro se distanciou da literatura dramática, poderá soar anacrônica. Mais tarde, quando retoma a periodização para, enfim, entrar no tema da "quinta cena", prefere chamar esses estágios de "cena", ainda que, quando volta a se referir aos gregos, utilize "drama" e só mude a chave depois que define a *skenê* grega como "o lugar mais distante dos espectadores [...]

plano de fundo de todo o lugar, ou teatro", e explique que, na Grécia antiga, "o teatro inteiro era a cena". Se essa periodização que propõe coincide aparentemente com a da história do teatro canônica, como foi formulada desde o romantismo, tem, não obstante, elementos novos. Implica, primeiramente, numa percepção muito particular dos teatros antigo e medieval: a de que a arquitetura e o espaço cênico neles coincidiam e constituíam, por excelência, esse "lugar". Desdobra-se, depois, na narrativa bem-humorada sobre um duque renascentista arquetípico, e sobre o seu projeto de acondicionar, num espaço interior, as manifestações dramáticas que aconteciam nas ruas, e como dessa iniciativa decorreu a emergência de uma cena em que cenografia e arquitetura deixavam de estar superpostas. A cena passava a ser postiça, projeção artificial, graças ao dispositivo da perspectiva, de todos os lugares reais que a imaginação dramática alcançasse representar. A arquitetura do teatro passava a servir às maquinações do cenógrafo, e a isso nem grandes reformadores, como Wagner, se livraram de se submeter. É então que, numa linha de fuga expansiva, surge "a quinta cena", por ele descoberta, e abre-se um atalho para o futuro. Nessa história do teatro craiguiana, percebida de uma nova e idiossincrática mirada, exatamente a que ele desenvolveu por 25 anos, desde o fim do século XIX, quando abandonou a carreira de ator para começar a desenhar e a gravar cenas, até o momento em que escreveu *Cena*, há a ambição de resgatar para o teatro a unidade perdida entre a arquitetura e a cenografia. Na sua "quinta cena", o teatro voltaria a ser "um lugar", espaço integral em que a matéria cênica em movimento se bastaria, despida das figurações dos telões pintados e dos objetos realistas, enquanto um dispositivo de telas móveis, planas e sem cor, em consonância com a luz, operaria como um múltiplo de infinitos lugares potenciais, exatamente o que ele chamará de "mil cenas em uma", numa nota de rodapé. Que Craig formule e explicite uma de suas ideias mais originais dessa forma acanhada, também chamada no texto de "cena menor", diz muito da postura evasiva e tateante com a qual apresenta sua invenção, mas, talvez, revele mesmo que ele ainda não havia conseguido superar as tensões e ambiguidades de todo o projeto. Cabe aqui, finalmente, tentar deslindá-las para poder dimensionar a real contribuição de Craig ao teatro que o sucedeu, mais de cem anos depois de ela ter sido formulada.

A cenografia renascentista, e todos os seus desdobramentos até os teatros realista e naturalista, também ambicionava ter a potência de representar múltiplos lugares, ainda que tivesse recursos limitados para fazê-lo, sendo o maior obstáculo a mobilidade reduzida dos cenários, primeiro restrita às mudanças dos fundos pintados em telões e depois, já no naturalismo, à necessidade de se interromper a narrativa com intervalos para permitir as transições de ambientes, mesmo assim limitadas, já que, após terem sido feitas, a cena permanecia estática, mero suporte aos dramas representados. Nessa medida, na renovação proposta por Craig não se deveria tratar apenas da possibilidade de se representar muitos lugares reais na cena – "barraco de barro ou templo, Palácio de Versailles ou a loja do senhor Harrod" –, como o teatro realista, o "quarto teatro" na periodização de Craig, o fez à farta. Se trataria, sim, de pensar o espaço cênico com uma liberdade e autonomia que só encenadores da segunda metade do século xx, como Robert Wilson, nos seus primeiros trabalhos, ou Romeu Castellucci, recentemente, lograram realizar, transformando a caixa teatral não num suporte para reproduzir ficções em que a matéria cênica e sua arquitetura são servis às narrativas pretendidas, mas, sim, numa realidade nova, autônoma e que constitui visões e sensações inéditas, nunca vistas. Numa cena radicalmente abstrata, não haveria o reconhecimento de referentes anteriores, ou de uma narrativa clara, e um dos pressupostos fundamentais do drama, portanto, deixaria de operar. Essa foi a quimera que Mallarmé projetou no século XIX e que muito influenciou Craig. Ocorre que, se nas gravuras em metal de 1907 ele projetava essa cena quase etérea e que pressupunha um espaço cênico liberto das funções representacionais, pronto a expressar sentimentos e sensações abstratas como a música, ou como uma arquitetura que adquirisse a plasticidade fluída da música, no projeto que patenteou em 1910 suas pretensões artísticas se reduziam. Ali ele visava convencer os produtores teatrais da época sobre um novo dispositivo, capaz de criar uma "cena mutante", com muito menos elementos e com muito mais velocidade nas variações, buscando assim, literalmente, vender sua ideia. Isso implicava em não romper com o teatro dramático e, ao contrário, provar que seu dispositivo poderia lidar com ele de modo muito mais efetivo e econômico. Com uma única cena, "lugar", reintegrando cenografia e arquitetura, era possível contar qualquer história, ou encenar qualquer "drama poético", como ele preferia dizer.

Quando retoma o projeto no pós-guerra e decide escrever *Cena*, é essa contradição que ele tem que enfrentar, e o texto, como o leitor verificará, não é capaz de resolvê-la. Persistirá uma oscilação entre mostrar a "quinta cena" como uma conquista pragmática já obtida, e uma projeção futura ansiada, em que aquele sonho inicial finalmente se realize. Ele próprio esclarece que os desenhos não podem ser explicados, "assim como você não pediria a um músico para 'explicar' uma fuga que ele tivesse composto", mas que são, no seu conjunto, uma única cena, a "obra mãe". Ao mesmo tempo, o fruto que ela gera, ou a "quinta cena" que está sendo apresentada no livro, ele mesmo reconhece, significa "um passo atrás", que foi o modo que encontrou de "levar o trabalho um passo adiante". Não faltam argumentos a ele para justificar esse recuo. Eles convergem, principalmente, para o fato de, apesar de todas as suas realizações cênicas, escritos e projetos, ter-lhe faltado o apoio dos seus compatriotas ingleses. Se eles o tivessem apoiado, "depois de eu ter mostrado o que podia fazer", teria alcançado "a coisa mesma e não sua mera aparência". Fosse por isso, ou por suas próprias limitações, o que cabe ressaltar, quando se revê a sua obra em geral, e essa , em particular, é que, a despeito dessa tensão interna no seu discurso, hoje é possível dizer que o projeto Scene significou, na forma acabada que alcançou em *Cena*, uma revolução objetiva na cena moderna e, mesmo em seus aspectos irrealizados, incontestes, uma antecipação de muito do que ocorreria na cena teatral da segunda metade do século xx.

Examinando primeiro o projeto Scene, em sua versão patenteada e depois estendida no texto *Cena*, reconhece-se claramente suas reverberações nas práticas cenográficas e cenotécnicas que foram tomando forma ainda na primeira metade do século xx, e que se consolidaram nos últimos cinquenta anos, tornando-se rotineiras mesmo no âmbito do teatro comercial. A ideia de uma cena simplificada, de "forma e cor", criada por meio da combinação de planos e volumes, telas neutras e luz, e com grande mobilidade para transições em cena aberta, sem que fosse preciso "baixar a cortina", pode-se dizer, que prevaleceu e tornou-se uma prática generalizada.

Vale lembrar também a insistência de Craig em se diferenciar da cenografia mecanizada, que remeteria à cenografia renascentista, ou de sua ojeriza à ideia da cena como máquina, que também encontra eco na tradição do teatro de pós-guerra, a partir de Brecht, Beckett, Grotowski, Kantor e tantos outros. A metáfora da caneta tinteiro como uma evolução técnica frente à escrita na base do frasco de tinta, preferível para Craig à máquina de escrever, traduz à perfeição essa repulsa que tinha de se submeter às tecnologias mecânicas. Como também é sintomática a imagem do teatro "como um jardim", onde "as coisas devem crescer [...]

de acordo com as leis da natureza, ajudadas pelas pequenas habilidades dos jardineiros". E se o cultivo desse verdadeiro organismo vivo em crescimento não dispensa a supervisão do "mestre do teatro como uma arte", ou que este ocupe o lugar de "primeiro nessa linha", enquanto "mestre do espaço cênico", o que aponta para a datada emergência do diretor na cena moderna, suas sugestões aos jovens artistas de que não devem descartar nada até que tenha sido "testado", e de que "não existe nada que possa ser rejeitado absolutamente", parecem estar em direta sintonia com o experimentalismo dos processos colaborativos de hoje.

Quanto ao projeto, diga-se, mais metafísico, daquela cena sonhada, mas não materializada, sugerida pelas gravuras de 1907 e que, Craig admite no livro, ficou pelo caminho, ele pode ser reconhecido nas montagens de encenadores de hoje que, independentemente de terem ou não ali se referenciado, estabelecem cenas inaugurais em cada encenação, no sentido de não serem representativas de nada anterior a elas, mas espaços, ou lugares, que se bastam a si mesmos, autônomos de referentes pregressos e singularmente genuínos. Provavelmente, uma das razões para artistas como Wilson ou Castellucci obterem esses resultados é que têm um controle técnico sobre a iluminação muito superior ao que Craig pudesse sequer sonhar. Não por acaso, no texto de *Cena* ele deixou claro que as principais dificuldades que encontrava para avançar no projeto residiam nas questões da luz, e de como ela jogaria com as *screens* ou com os volumes por elas formados. Interessante também pontuar que não aparece resolvida ali a questão, já ventilada na apresentação do anterior *Rumo a um Novo Teatro*, da hesitação entre pensar a modulação e movimentação das *screens* com a luz elétrica, em cenas internas à caixa cênica, e com a luz natural do sol para cenas externas. Permanece incerto, por exemplo, como obter-se os efeitos de cor, fundamentais à sintaxe das *screens* em ambientes fechados, nas situações ao ar livre, ainda que Craig diga restarem apenas "algumas pequenas dificuldades" para que ele alcançasse na prática, com seus "250 modelos"[10], uma situação em que luz e cena funcionem como "arco e violino" ou "caneta e papel".

Há um último aspecto interessante a ser discutido, que está praticamente ausente do debate especializado em torno de Craig, mas parece bem relevante quando se trata de pensar a cena contemporânea. Trata-se da movimentação das telas e dos volumes por elas engendrados. Avesso à mecanização da cena, Craig sempre insistiu e valorizou que as telas, sobre rodas e sustentadas em si mesmas, deveriam ser movidas por "operadores". Estes ensaiariam, sob a batuta do encenador, os seus movimentos contínuos, estabelecendo com elas uma relação de intimidade e, com isso, obtendo o efeito de uma dança sutil e discreta, fluente como a música e tácita como a matéria arquitetônica. O número de operadores de cada tela variaria conforme o seu tamanho e o seu número de abas. Uma tela padrão, entre as centenas de modelos com que Craig experimentou, teria 2 m de altura e quatro abas de 1 m de largura. Para uma dessas, seriam necessários de quatro a seis operadores. Pois bem, não é irrelevante que nessa cena nova de Craig os atores estejam ausentes, ou, quando presentes, imobilizados em armaduras, e que os seres vivos, despidos de máscaras e com roupas neutras, sejam operadores, atuando em sintonia fina com uma partitura de movimentos e de luzes. Um dos traços do teatro dito performativo é exatamente uma atuação não dramática, despida de caracterização e constituída por ações físicas de montagem e desmontagem de um discurso cênico, em que atores e contrarregras se confundem com agentes nas ações cênicas. Por certo, Craig nunca pensou nisso nos termos que a atualidade

---

10 O que Craig chamava de "modelos" eram maquetes da caixa cênica preenchidos pelas pequenas telas de papel-cartão já mencionadas, que se encontram nos arquivos da BNF em Paris.

propõe, mas quando imaginou sua cena habitada principalmente por operadores, talvez estivesse realizando a mais radicalmente antecipatória de suas profecias.

Gordon Craig afirma em *Cena* que nunca foi um reformador. Ele o faz para se diferenciar dos principais criadores teatrais de sua época, incluindo seu quase padrasto e grande iniciador Henry Irving, o ator e produtor inglês que dominou a cena inglesa no final do século XIX[11]. A frase busca um efeito retórico, o de retratar-se como um inventor — "artistas que têm instinto criativo nunca reformam as coisas, eles as criam". No jogo entre a falsa modéstia e o narcisismo excessivo em que oscila a narrativa sobre os seus feitos, essa talvez seja a afirmação mais equilibrada. Não há como negar, independentemente de muito o que propôs ter ficado só como promessa, dos seus defeitos como homem e de suas posições políticas duvidosas, que se trata de um artista maior, que inventou novos modos de pensar e de fazer o teatro.

[11] Henry Irving contratou Ellen Terry quando ela ainda era mulher do arquiteto e cenógrafo Edward Godwin, pai de Craig. Depois da morte de Godwin e durante todo o tempo em que foi a primeira atriz da companhia de Irving, Ellen Terry nunca assumiu a relação amorosa que, de fato, teve com o ator. Para Craig, Irving foi um modelo de ator e sua companhia a escola teatral que o formou.

BIBLIOGRAFIA

BABLET, Denis. *The Theatre of Edward Gordon Craig*. London: Eyre Methuen, 1981.

CRAIG, Edward Gordon. *Scene*. London: Humphrey Milford/Oxford University Press, 1923.

____. *Model A – Scale of Measurements*. Microfilm Craig's Collection. BNF, Arts and Spectacles. Paris: Richelieu, 1911. Cote EGC MSA 87.

____. *Scene (notebook)*. Microfilm Craig's Collection. BNF, Arts and Spectacles. Paris: Richelieu, 1910. Cote EGC MSA 14.

CRAIG, Edward. *Gordon Craig: The Story of his Life*. New York: Alfred A. Knopf, 1968.

DORN, Karen. Dialogue into Movement: W.B Yeats's Theatre Collaboration with Gordon Craig. *Players and Painted Stage; The Theatre of W.B. Yeats*. Sussex/New Jersey: The Harvest Press/Barnes and Nobles, 1984.

EYNAT-CONFINO, Irene. *Beyond the Mask: Gordon Craig Movement and the Actor*. Carbondale: Southern Illinois University Press, 1987.

INNES, Christopher. *Edward Gordon Craig: A Vision of Theatre*. London/New York: Routledge, 2004.

ROOD, Arnold. After the Practice, the Theory: Gordon Craig and the Movement. *Theatre Research*, v. XI, n. 2/3, 1971.

SENELICK, Lawrence. *Gordon Craig's Moscow Hamlet: A Reconstruction*. Westport/London: Greenwood, 1982.

SYMONS, Arthur. A New Art of the Stage. *Studies in Seven Arts*. New York: E.P. Duton., 1907.

RUMO A UM NOVO TEATRO

QUARENTA DESENHOS CENOGRÁFICOS
COM NOTAS CRÍTICAS
DO INVENTOR

EDWARD GORDON CRAIG

HAMLET

FANTASMA: *Eu sou o espírito de teu pai,*
Danado a vagar na noite por um certo tempo
E durante o dia confinado a quedar no fogo,
Até que os pútridos crimes cometidos
Nos meus dias na natureza
Sejam queimados e purgados para sempre.
Mas isto estou proibido de contar
Os segredos da minha prisão domiciliar,
Poderia sim desfiar um conto, cujas palavras mais leves
Dragariam tua alma, congelariam teu sangue jovem,
E fariam teus olhos, como estrelas, partirem das esferas,
Tu enlaçado e impedido por cadeados de seguir
E cada fio teu de cabelo arrepiado na ponta
Como os aguilhões de um porco-espinho encurralado
Mas esse registro da eternidade não se presta
A ouvidos de carne e sangue. Ouve, ouve, oh, ouve!
Se jamais conhecesses o amor de teu querido pai –
HAMLET: *Oh, Deus!*
FANTASMA: *Vingue esse vil e bem tramado assassinato.*

SHAKESPEARE

AOS ITALIANOS
Com respeito, afeição e gratidão:
Por seus velhos e novos atores,
Sempre os melhores da Europa.
Os desenhos neste livro
São dedicados

Se não existir grande amor
No começo,
O céu ainda poderá diminuí-lo
À base de maior conhecimento

WILLIAM SHAKESPEARE,
Muito Barulho Por Nada[1]

---

1 Na verdade, o irônico trecho citado se encontra em *As Alegres Comadres de Windsor*, Ato 1, cena 1. (N. da E.)

Os olhos do poeta em frenesi arregalados
Olham do céu à terra, da terra ao céu,
E, como a imaginação materializa
As formas das coisas desconhecidas, o poeta
As transmuta em formas, e dá ao nada aéreo
Uma habitação terrena e um nome

WILLIAM SHAKESPEARE,
Sonho de uma Noite de Verão

PREFÁCIO

SOBRE A VERDADE E O ERRO

A verdade sempre necessita ser repetida, porque o erro é incessante e repetidamente pregado a nós, e não apenas por algumas vozes isoladas, mas pela multidão. Nos jornais, enciclopédias, nas escolas e nas universidades, em todo lugar o erro ocupa a primeira posição; é por conta de sua facilidade com a maioria que esta se encarrega de defendê-lo.

GOETHE, *Conversations with Eckermann*
(Gespräche mit Goethe), 1812-1832.

UMA PALAVRA DE RECONHECIMENTO

QUANDO um homem parte a reconhecer suas dívidas, ele está começando a sua biografia. Eu penso que ninguém pode jamais pagar suas dívidas – e dificilmente encontrar tempo para reconhecê-las todas. O mesmo vale para o artista, que está imerso em dívidas até o pescoço, e isso mesmo sem dever nenhum centavo. Ele está em dívida, igualmente, com pessoas e coisas. Se nem todas as pessoas são seus mestres, tampouco todas as coisas o são. Quantos mestres eu tive por um curto período? Quantos assistentes também? E todos eles me ajudaram enormemente em meu trabalho. Há um mestre acima de todos, sem falar na natureza, pois ela está sempre pronta a ajudar e sem esperar nenhum reconhecimento, de quem eu gostaria de ter aprendido coisas mais cedo – Leonardo da Vinci. Todos os outros andam em trilhas mais fáceis, tomam atalhos e estão prontos a dar sugestões muito espertas ou muito elegantes. Só ele me parece ser um grande mestre; não porque pintou a *Última Ceia* e outras grandes obras, não porque ele erigiu grandes estátuas e antecipou quase todas as maravilhas da vida moderna, mas porque ele parecia saber mais coisas e sabê-las precisamente, e saber mais sobre a natureza humana e sabê-lo com essa precisão, e porque em todo o seu trabalho ele é mais calmo que outros artistas modernos. É por essa razão que eu gostaria de tê-lo conhecido antes e estudado a partir dele. Dito isso, eu quero reconhecer minha dívida com, pelo menos, uma centena de pessoas. Para começar, reconheço minhas dívidas para com os iluminadores do Teatro Lyceum e para com Rembrandt; Ruskin, William Blake e Fra Angelico; Alexandre Dumas e Henry Irving; Yeats, Whistler, Pryde, Max Beerbohm, Nicholson e Bearsdley; Tiepolo, Guardi, Crawhall, Hugo e Piranesi; Vitrúvio, Whitman, Andreini, Ganassa e Martinelli; Gherardy, Delsarte, Otway e Vecellio; meu menino Teddy; Raphael e os Martinettis; Nietzsche, Walter Pater, E.K. Chambers, Skeat e a Roget; e por último, mas sem dúvida não menos importante, a meu pai e minha mãe.

Mas alguns desses reconhecimentos se aplicam só a este livro. Quando você estiver cansado dele, eu tenho outras portas para abrir, pelas quais só alguns poucos desses que eu mencionei consentiriam passar comigo. Vocês não devem imaginar que o trabalho apresentado aqui representa mais do que o meu trabalho como encenador entre os anos 1900 e 1910.

Assim o ruim começa e o pior (quem sabe) fica para trás.

Nota. Eu quero reconhecer a gentileza dos atuais donos de vários desses desenhos por autorizarem sua reprodução aqui e agradecer os senhores J.M. Dent & Sons, e em particular o senhor Hugh Dent, pelo modo cordial com que colaboraram comigo na produção deste livro.

RUMO A UM NOVO TEATRO

I

PARECE que ainda há muito a explicar sobre o teatro[1], e a arte do teatro, antes que o mundo possa entendê-lo corretamente. O risco de se apontar em uma nova direção, mesmo em relação a um objeto familiar, é muito grande. É ainda maior quando o objeto é estranho a nós. Todo mundo alardeia "Onde, onde?" e fica contente quando seus olhos miram o primeiro objeto que, por acaso, se apresenta. A dificuldade que eles encontram é a de ver longe o suficiente, e, então, daquela distância, ver em detalhe.

Se eu, por exemplo, aponto para uma montanha a grande distância de nós, uma criança, sentada na grama, olhará para ver a grama crescida em frente ao seu nariz, e o que ela me ouve dizer sobre o longínquo se aplicará aos picos dessa grama. Uma mulher em pé à minha frente, em

---

[1] Teatro. De acordo com o professor Skeat, uma palavra francesa derivada do latim; a palavra latina origina-se no grego. Francês médio, *théâtre*; *Dicionário Cotgrave*, ed. 1660. Derivada do latim *theatrum*, derivada do grego *theatron*, um lugar para ver apresentações, derivado do grego *theaomai*, "eu vejo". Compare *thea*, "uma visão"; veja [Walter] Prellwitz, *Etymologisches Wörterbuch der griechischen Sprache*. Nota: nenhuma palavra sobre isto ser um lugar para ouvir 30.000 palavras balbuciadas em duas horas.

vez de olhar na direção que eu aponto, vai olhar provavelmente para mim apontando. Um homem provavelmente olhará tão longe quanto ele puder. Há uma chance em mil que seu olhar seja apanhado por algo a cem jardas dali, ou mesmo umas mil jardas distante, ou pode acontecer que um pássaro levantando voo dos galhos e planando atraia seus olhos, e todo interesse na montanha se terá perdido. Pode ser que ele tome um castelo numa colina pela montanha; ou pode haver alguns que, olhando tão longe quanto possam e buscando no horizonte, cheguem finalmente a negar que tal montanha, de fato, exista.

É para uma montanha que eu estou apontando – um lugar alto; essa montanha é o teatro. Se fosse outra coisa, eu a chamaria de alguma outra coisa. Até agora não conheço outro nome para isso. Deixe-se então que continue sendo teatro, e por favor acreditem em mim quando lhes digo que é uma MONTANHA. Não é uma colina, nem um grupo de colinas, nem uma miragem de colinas – é a maior montanha que eu já vi. Ninguém foi capaz ainda de escalar suas alturas, porque há algo evidentemente muito estranho sobre essa montanha. Se fosse facilmente acessível, já teria sido escalada há muito tempo. Agora, diga-se, não lhes parece que há algo muito estranho a respeito disso? As pessoas vêm se perguntando sobre sua base por milhares de anos, e ninguém jamais chegou até o pico, e há muitos que se recusam a acreditar que ela tenha mesmo um pico; mas como eu vi o topo, eu quero desafiadoramente contradizer essa maioria. Eu vi o topo de uma grande distância; o Fuji não está coroado de forma mais bela.

É em direção àquela montanha que eu me sinto atraído e, desde que comecei a me mover naquela direção, percebo que cheguei um pouco mais perto dela do que eu estava quando parti há 25 anos.

Em minha jornada, eu me deparei com algumas pessoas curiosas. Encontrei algumas que passaram por mim retornando ao lugar de onde eu parti, e que, na passagem, disseram que estavam indo na direção daquela montanha. Alguns eu encontrei com as costas voltadas para ela, dizendo que tinham acabado de estar lá; "não havia muita coisa para ver, no fim das contas". Eles tinham um olhar desapontado. Havia outros que descreveram aquilo para mim dizendo: "Só tem seis mil e cinquenta e dois e meio pés de altura; é um vulcão extinto e a classe média habita o topo. O clima é muito seco; o comércio de carvão é muito ativo". Essas pessoas estavam olhando para a montanha errada. Outros que professam ter vindo de lá dizem que ela é governada por senhoras – e o resto de suas histórias é muito ridícula para repetir.

Isso tudo agora é muito bom para usar como parágrafo na imprensa, mas não é a verdade. Ninguém escalou aquelas alturas; nenhum dos relatos concernentes àquelas alturas é correto. Todo mundo mente a respeito disso, porque todo mundo está falando de uma outra coisa.

Eu não minto sobre isso. Eu não lhe digo que descobri o lugar: eu digo que estou me movendo em direção a ele. Eu não lhe digo que estou me movimentando em direção a algum templo, pois isso seria uma mentira. Estou me movendo em direção a um novo Teatro, e este livro é uma das minhas contribuições para um novo Teatro. Tudo que eu coloquei no livro agora ficou para trás. Eu o encontrei nos níveis mais básicos, nem mesmo em terreno inclinado, e menos ainda nas alturas, e, portanto, não se deve ficar muito excitado a respeito dessas pequenas descobertas – pois agora as maiores e finalmente grandes descobertas nos esperam.

Haverá muitos teatros antes que o Teatro venha, assim como há muitos platôs na montanha. É por essa razão que eu chamo este livro de *Rumo a um Novo Teatro* em vez de "Rumo ao Novo Teatro". Se eu fosse falar do novo Teatro, alguns de vocês estariam certos de pensar que eu falava do novo teatro que está para ser aberto daqui a três ou quatro anos, e como eu escrevo na língua inglesa, estariam certos de pensar que eu me referia ao novo teatro inglês, e para dizer a si mesmos, "O teatro inglês é *o* teatro". Uma das primeiras coisas que os ingleses têm de fazer é tirar de suas cabeças a crença de que o teatro só existe na Inglaterra, e lembrar que existe um teatro na França, um teatro na Alemanha, teatros na Rússia, Itália, Espanha, Hungria, Suécia, Noruega, Dinamarca, e mesmo na Suíça e Finlândia, e assim não acreditarem que pensaram em todos os teatros, pois há um teatro além do Cáucaso, um teatro no Leste e há um teatro até mesmo na América e na África.

Para qual deles é feita minha contribuição? Para nenhum deles, pois existe outro novo Teatro sendo fundado, e é para ele que eu ofereço os conteúdos deste livro. Não é oferecido como se oferece comida; é dado puramente como uma advertência. Não há uma única coisa neste livro que possa jamais lhes ser de qualquer "uso" prático senão como advertência, e para os seus próprios interesses, e, pelo interesse do teatro ideal, não se debrucem sobre este livro na esperança de extrair dele algo[2] que possa instantaneamente ser posto em uso prático na crença de que os traga mais próximos de seu ideal – é mais provável que lhes traga £10.000 por ano, se for bem trabalhado, mas isso, na minha opinião, seria grandemente impraticável –, pois £10.000 dificilmente valem mais que uma canção – e dever-se-ia aprender como recusar somas tão pequenas se há a seriedade em relação aos ideais conectados com a arte.

---

2 Faz lembrar de uma famosa e adorável pequena sátira sobre a arte da extração, de algum mestre desconhecido que diz o seguinte: "O pequeno Jack Horner sentado num canto / Comendo uma torta de Natal, / Ele enfia seu dedão e puxa fora uma ameixa / E diz 'Que menino bom sou eu.'"

Como eu disse, o que está aqui é o que eu experimentei. Olhem se quiserem. Prestem ao livro um tanto de reverência, temendo-o – e, eu espero, apreciem-no.

Há um tipo particular de tolo no teatro que amavelmente pergunta, "Por que eu não deveria fazer uso de uma ideia que é uma boa ideia?", e há certamente alguém que dirá, apontando para alguma das imagens no livro, "Já que é realmente uma boa ideia, que objeção há se eu a roubar?", e eles podem mesmo ir mais longe – ainda que seja muito improvável – para acrescentar, "Claro que eu vou reconhecer publicamente, no programa e em outras partes, a fonte de onde retirei isso". Esse tipo particular de tolo não percebe que, agindo dessa forma, está enfraquecendo a si próprio e ao teatro a que ele supostamente estaria servindo com algum espírito. Eis por que eu lhe peço e a ele que temam a influência do meu livro. Sugiro a ambos que se encontrarem neste livro algumas ideias que intuam, vocês poderiam aplicar com sucesso a suas novas produções, sigam o conselho de Punch – "Desistam". Se, por outro lado, vocês quiserem desenvolver seus talentos como encenadores, não para lucro imediato, mas de modo a se tornarem trabalhadores melhores, então meu livro está a seu serviço. Mas evitem uma exibição pública – evitem o perigo de revelar aquilo que ainda não é seu.

Uma ideia só tem valor por conta da vida *que possa trazer à luz*, e nada, senão a vibração original, pode jamais dar a ela vida de novo. Mesmo assim, quando recriada, ela reaparecerá um pouco diferente, e já não será, portanto, a mesma ideia; assim, quando um predador[3] do moderno teatro Europeu apanha uma das minhas ideias e acredita que a está colocando em prática, ele não faz nada parecido, pois existe uma

---

3 Gordon Craig utiliza *autolycus*, palavra inexistente que, supõe-se, remete a *autolysis*, substantivo que nomeia a destruição de células causada pelas próprias enzimas e tem a forma *autolytic* como adjetivo. (N. da T.)

grande diferença entre um reflexo no espelho e a coisa refletida. A diferença é, no fundo, uma questão de vida, e é, também, muito desprezível copiar uma ideia quando, com um mínimo de atividade do corpo e da alma, você próprio pode gerar uma ideia e assim acrescentar vida à vida – e, se você não tem ideias, não se envergonhe de admitir isso.

O que nós não queremos são essas ideias mortas, essas coisas copiadas, e todo mundo deveria protestar contra a trapaça óbvia que é praticada a cada mês no teatro da Inglaterra, a de fazer ideias pouco originais passarem por originais. Uma das lacunas que percebo no criticismo inglês é que mesmo os melhores críticos rendem-se entusiasticamente diante de alguma ideia copiada, ignorantes do fato da existência da original, ou, se conscientes dela, criticando a cópia nos mesmos termos que utilizariam para o original[4].

Finalmente, este livro representa meus esforços preliminares *na divisa* de uma fase da arte teatral que eu ultrapassei. Como escrevi em

4 Parece-me uma pequena falta que poderia facilmente ser evitada se os críticos ingleses tivessem a oportunidade de estudar o que está sendo feito nas outras cidades das Ilhas Britânicas e nas outras cidades do continente. O crítico inglês deveria ser enviado pelos ricos jornais ingleses a Paris, Berlim, Cracóvia e Budapeste. O público merece conhecer o que está sendo feito nesses e em outros lugares. Quem ouvira falar de Strindberg, por exemplo, até que ele tivesse morrido – e se não fosse pelo sr. William Archer, que tão frequentemente ia à Noruega, quem na Inglaterra teria ouvido falar de Ibsen? Assim, só tardiamente fomos nós informados pelos jornais sobre o renascimento da arte da improvisação sob [Sandor "Alexander" [Hevesi nos teatros da Itália e da Hungria? Alguém sabe alguma coisa sobre [Stanisław] Wyspiansky e sua escola? Mas quem está lá que não sabe dos imitadores de terceira categoria dessas pessoas? A imprensa inglesa fica histérica com imitadores de terceira mão, quando é a missão dos editores ver que nós estamos dando informações eloquentes sobre a origem dessas imitações.

meu livro *Sobre a Arte do Teatro*, o artista do teatro do futuro vai criar suas obras-primas a partir da ação, da cena e da voz. Isso foi em 1905, e o futuro a que eu me referi ainda está diante de nós, e portanto qualquer um, que possa se aprofundar no assunto mais plenamente do que eu o fiz, ainda está livre para mudar aquilo e para mostrar o que possa ser criado a partir de algo diferente... algo mais refinado, mais simples. Minha razão para mencionar isso aqui é chamar sua atenção, uma vez mais, para algo que alguns de vocês por vezes ignoram quando falam do meu trabalho. Isso significa dizer que não estou preocupado apenas com o que é chamado a parte "Cênica" da arte. Gostaria de lembrá-los que eu claramente defendi que ação e voz eram as outras duas partes que eu estava estudando. Ação e voz não podem ser satisfatoriamente tratadas por meio de palavras escritas ou diagramas, enquanto a cena, até certo ponto, pode assim ser tratada.

É, pois, a parte cênica que aparece neste livro; e como prelúdio para as próprias imagens, eu tenho agora algo a dizer sobre cenografia de palco.

II

HOUVE um tempo em que a cenografia de palco era arquitetura. Um pouco depois, tornou-se imitação de arquitetura; um pouco mais tarde, imitação artificial de arquitetura. Então perdeu a cabeça, enlouqueceu e está em um asilo de loucos desde então. Algum dia, quando a minha escola for concretizada, publicaremos um livro contando os fatos históricos desse caso. Precisarei garantir nele que se faça justiça ao meu trabalho cênico – temo que muito pouco dele se salvará –, mas aqui e agora não é a hora nem o lugar para forçar demais a ponto de despedaçá-lo. Eu poderia fazer isso provavelmente de forma mais plena do que qualquer um dos meus críticos o faria. Minhas colocações se aplicam às imagens (com oito exceções), neste livro. Esses 32 desenhos representam labuta feita entre 1900 e 1910. Aquele trabalho é agora parte do meu passado, e ainda que eu possa olhar retrospectivamente para ele com interesse, não tenho grandes afecções sentimentais pelo meu trabalho de ontem só porque é meu. Que ele não seja totalmente despido de sentido ou de gosto não altera, em minha opinião, o fato de que não são bons como cenografia de palco. Não se comparam com os cenários mais nobres, quando as condições do palco eram mais nobres. No período mais nobre de que temos conhecimento, falava-se menos de "simplicidade", e menos de ilusão, e o *pintor* cênico era completamente desconhecido. Naqueles dias, eles construíam seus teatros para os seus dramas, não seus dramas para seus teatros. Eles encenavam à luz do dia, e com o sol banhando os atores e a audiência por igual, e não se permitiam os efeitos de luz[5]. Não gastavam um tempo enorme tentando encontrar alguma cor falsa que pareceria verdadeira com a luz artificial. Nem eles pintariam seus rostos com magenta e amarelo ocre de modo a parecer que tinham acabado de chegar do campo.

Eles não se abstinham de fazer tais coisas só para serem mais naturais, mas para serem mais verdadeiros. Agora, é muito difícil para o leitor comum entender o que significa ser mais verdadeiro, e é realmente desnecessário para ele entender isso, tanto quanto o artista cênico o entende. Nunca encontrei um deles na Inglaterra que pudesse compreender isso inteiramente, ou se há um ou dois, eles nunca me introduziram ao segredo de sua existência. Gostaria que o tivessem feito, pois esse tipo de trabalho se torna muito solitário depois de um tempo; mas ser verdadeiro em arte é não mentir para si próprio, e isso é muito difícil e muito caro. Mas não é perda de tempo nem de vida; é um tipo de jogo em que você aposta numa certeza. Diante de mim há a National Gallery, enquanto eu escrevo para testemunhar a veracidade dessa declaração, e há Nelson também[6]. Arrisque sua vida pelas artes, sejam as da paz ou da guerra, e você não deixará de vencer. Mas

5 Em Letchworth, no outono de 1912, eu fui afortunado a ponto de estar presente em um espetáculo praticamente ao ar livre, em que as luzes artificiais eram banidas. A Inglaterra é bem um país ideal para espetáculos à luz do dia e ao ar livre. No sul da Europa, é desconfortavelmente quente – aqui na Inglaterra é frio; e a chuva é sempre um legislador natural que previne um número exagerado de festivais desnecessários. Festivais são para a primavera; um mês é suficiente.

6 Gordon Craig provavelmente escreve de algum lugar localizado próximo à Trafalgar Square de Londres, de onde se avistaria tanto a National Gallery quanto a estátua do almirante Nelson no centro daquela praça. (N. da T.)

não deve haver limitações; você não deve achar que, por ter falado de simplicidade e beleza por uma temporada, ou feito um discurso no Club de espectadores em que se colocou contra o gosto de anteontem, tenha arriscado qualquer coisa mais que o desprezo dos anjos; e digo isso porque não quero que você pense que eu deveria discordar de qualquer crítico sério que me aconselhasse a reunir todos os meus desenhos e queimá-los por serem sem valor diante das mais altas tradições da arte cênica. Pois esses desenhos, como já disse antes, e de fato muitas vezes, em um lugar ou outro, são meus esforços no estabelecimento de *uma divisa que delimita uma fase da arte teatral* – uma fase pela qual já passei. Compare-os com a cenografia dos gregos, que é, suponho, a mais antiga cenografia sobre a qual sabemos alguma coisa, e você verá o quanto a comparação lhes é desfavorável. Compare-os com a segunda mais nobre cenografia para o drama, a cenografia dos cristãos, e eles parecerão um pouco melhores. Compare-os com o terceiro período, quando os homens começaram a fazer arquitetura de imitação para teatros com luz artificial – quer dizer, no século XVI – e eles parecerão realmente bons. Creio que eles se sustentariam no palco por si próprios contra os desenhos de Peruzzi, Serlio, Palladio, e outros; creio que eles são muito melhores que a cenografia rococó de Bibiena, e devo dizer que eles triunfam sobre a cenografia mais atual. A questão sobre exatamente onde eles triunfam e onde são derrotados eu não posso enfrentar aqui e agora, mas posso contar-lhe algo sobre os vários períodos de cenografia de palco sem importuná-lo mais com muitos nomes ou datas.

Quando o drama entrou nos espaços fechados, ele morreu; e quando o drama entrou nos espaços fechados, sua cenografia encerrou-se ali também. Você precisa ter o sol sobre si para viver. Claro que pode dizer que "perseverar" é "viver", mas é praticamente ser um morto-vivo.

O drama era capaz de existir nos espaços exteriores, à luz do sol, porque, em vez de ser um entretenimento noturno, era um festival raro. As pessoas sempre falaram disso como sendo um festival religioso, mas talvez seja um engano nos dias de hoje sublinhar isso, porque a palavra "religioso", para nós, significa uma coisa e nos velhos tempos significava outra. Como melhor descrever o que era nos velhos tempos? Provavelmente se você permanecesse na Piazza São Marcos – ou mesmo em Trafalgar Square, para efeito dessa questão – em um dia ensolarado, e visse uma revoada de centenas de pombos sobrevoando a praça, batendo as asas, regozijando-se em seu próprio modo de lidar com Deus, você chegaria à ideia mais próxima de com o que se parecia um festival grego. E já percebeu alguma vez se as pessoas que passam na praça nem notam esse acontecimento? Não. Você perceberá que mesmo o homem mais desinteressante das ruas se quedará e assistirá o espetáculo. Esse mesmo espetáculo está sendo apresentado em frente à minha janela enquanto eu escrevo. Umas cinquenta ou sessenta pessoas pararam para assisti-lo, e isso sem que nem uma única propaganda tenha sido feita. Haverá muita gente que lhe dirá que o drama grego atraía porque apresentava as paixões humanas, por conta de suas belas moças dançando (tais pessoas sempre imaginam que belas garotas dançavam nos dramas gregos), ou em razão de alguma força intelectual sutil que mantinha a audiência em seu domínio, e assim por diante. Mas não era nada disso. Simplesmente os gregos capturaram muitos dos segredos da natureza dos pássaros, das árvores, das nuvens, e não tinham medo de aplicar segredos tão simples em um uso religioso. E o segredo mais secreto que eles buscavam era uma pequena parte do segredo do movimento. Era o movimento do coro que movia os espectadores. Era o movimento do sol sobre a arquitetura que movia a audiência.

Um crítico posterior, falando de um espetáculo apresentado em um teatro ao ar livre na Itália, onde a arquitetura era o único cenário empregado, conta da emoção criada pela passagem do sol durante o drama. Ele foi incapaz de descrevê-la exatamente, e acredito também que muito poucas pessoas poderiam tê-lo feito, e, se o fizessem, somente em um poema. Mas falou de como o tempo parecia realmente se mover. O movimento era sentido, mas sentido por meio da visão[7].

Depois dos gregos, veio o teatro cristão – o que significa dizer a igreja cristã. O tema de seu drama, se não era mais trágico do que aquele dos gregos, era talvez mais sombrio. A arquitetura foi utilizada novamente como cenário, e podemos imaginar que tipo de palco eles tinham olhando as fotografias e os desenhos dos coros e santuários de todas as primeiras igrejas cristãs. Vemos palcos emergindo uns sobre os outros, as janelas colocadas em certos ângulos para iluminá-los, as entradas de tal modo arranjadas que movimentos de simples figuras ou grupos se tornavam significantes. Vemos os assentos para os músicos, vemos os próprios lugares em que os atores principais (pois podemos chamá-los de atores) ficavam, em que direção eles olhavam e até o que faziam. Tudo isso está gravado. O drama que eles encenavam é conhecido como a Missa[8]. A principal diferença entre esse teatro e o teatro dos gregos é que ocorria em um ambiente fechado, embora a luz do dia, e a luz do sol, em particular, ainda fosse empregada.

As pessoas acorriam para esses teatros religiosos como abelhas para uma colmeia. Nenhuma das palavras faladas podia ser compreendida por eles, pois tudo era em latim, e ainda assim eles compareciam. Você

---

7 Lembre-se aqui a derivação da palavra "teatro". Veja a nota na p. 1.

8 "O rito central e mais solene da devoção cristã era a Missa, uma celebração essencialmente dramática de um dos momentos mais críticos na vida do Fundador." E.K. Chambers, *The Medieval Stage*, v. 11, livro 111, p. 3.

arriscaria adivinhar por quê? Não custava nada a eles senão o que escolhiam oferecer em troca. Talvez essa fosse a razão. De qualquer modo, não nos preocupemos com isso; vamos nos manter no cenário.

Contra o fundo arquitetural eram dispostas decorações de ouro e joias, sedas, veludos e outros materiais preciosos. Pergunto-me se as pessoas teriam acolhido essas coisas se tivessem sido feitas de *papier-mâché* e celofane? Divago se a mesma excitação e reverência poderia ter sido despertada diante de uma cruz de papéis colados?

O que fez esse maravilhoso teatro fracassar depois de algumas centenas de anos? Nada, a não ser a exibição de pernas e braços em um circo. Aquilo era demais para as pessoas. Elas não podiam resistir. É de se compreender, mas não é compreensível a natureza dos governantes, que eram tão loucos a ponto de exibir aquilo diante de uma Europa não muito crescida. Da mesma forma, pode-se apresentar *Scherazade* para uma criança ou deixar as crianças de uma nação longe de um drama tão bonito como a Missa para verem diversos meninos e meninas dançando nus em um circo. Pois as pessoas na Europa daquele tempo eram tão inocentes quanto as nossas crianças o são. Você poderá argumentar que já era o tempo de elas crescerem; mas olhe como cresceram. Você dirá que não estou sendo preciso, e que há tanta estupidez nas crianças quanto há divindade nelas. Eu concordo, mas se existe uma quantidade igual de ambas — e creio que isso seja verdade — por que forçar uma posição encorajando a estupidez? Você dirá que o teatro religioso tornou-se desinteressante e que a outra coisa era um alívio. Assim como ocorreu com a Europa, aquele "alívio"; o todo da deterioração moderna parece estar baseado nesta palavra, "alívio". Nos velhos tempos, quando um lutador campeão estava perdendo a luta e só tinha o último fôlego, não havia esse papo de alívio. Acredito que um dos métodos empregados era agarrar firme em uma estaca e enfiá-la nele. Agora é tudo alívio. Contudo, vamos voltar ao cenário, se você me permite.

Depois que os teatros grego e cristão submergiram, o primeiro falso teatro veio à existência. Os poetas escreveram elaborados e entediantes dramas, e o cenário usado para eles era um tipo de fundo arquitetural imitativo. Palácios e mesmo ruas foram estilizados ou em panos, e por algum tempo a audiência se deixou enganar por isso. Essas peças eram apresentadas em palácios reais, e como as pessoas não podiam sequer vê-las de relance decidiram criar seu próprio teatro e, ao mesmo tempo, articularam-se para ameaçar a aristocracia. Então a grande *Commedia dell'Arte* emergiu.

Como pano de fundo, eles se serviram das casas e palácios de uma rua, não palácios pintados, não casas pintadas, mas as próprias casas em suas ruas. Arquitetura de novo. Ar livre de novo. Sol de novo. E esse teatro sobreviveu por trezentos anos. Gerou Shakespeare e Molière, e o teatro de Shakespeare é mesmo o último teatro que floresceu ao ar livre.

Quantos muitos livros foram escritos sobre esse teatro shakespeariano, como se fosse uma ideia original, como se ele fosse o primeiro desse tipo, como se nunca antes o teatro ao ar livre tivesse tido uma oportunidade de existir, como se fosse o belo ideal daquele tipo de coisa. Na verdade, o teatro shakespeariano foi o último e mais pálido suspiro do teatro ao ar livre. Nós devemos evitar qualquer coisa como um retorno ao teatro shakespeariano, porque foi construído sobre os parcos restos de uma magnificência anterior. Suponho que haja milhares de livros e artigos escritos sobre esse palco shakespeariano. Quantos livros existem sobre a *Commedia dell'Arte* e seu palco, sobre o teatro cristão e seu palco ou sobre o teatro grego e seu palco? Eu vi alguns, mas nenhum deles chega próximo de ser adequado. Como um suporte para suas peças, Shakespeare tinha um pequeno e gracioso canto de madeira de um palco construído numa arena de ursos, mas suas peças realmente pertencem a um teatro ao ar livre muito mais magnificente do que aquele. O pobre "O" de madeira que ele lamentou tanto tornou-se hoje um "O" muito pomposo, e se queremos fazer justiça a Shakespeare com suas próprias falas, devemos construir para ele um teatro muito diferente daquele do Globe e também muito diferente do que é o Drury Lane.

Depois que o teatro de Shakespeare passou, a luz do dia fechou-se para sempre. Lâmpadas a óleo, lâmpadas a gás e lâmpadas elétricas foram ligadas, e o cenário, em vez de ser arquitetônico, tornou-se – cenário pictórico. Você não pode chamar isso de pintura, pois pintura é aquilo que concerne somente a duas dimensões, e se você perguntasse a Leonardo da Vinci ou Cézanne, acho que eles concordariam comigo que cenário não é pintura. Mesmo assim, todos os dias ouvimos pessoas falando de cenário como se fosse pintura, e mesmo pintores têm a audácia de entrar no teatro e colocar no palco o resultado de seus estudos como pintores. Eles são todos descendentes de Bibiena, e espero que se orgulhem dele. Nada os agrada mais do que o artifício do teatro moderno, e eles "usam" o palco, ao mesmo tempo tendo um certo desprezo pelos seus truques. Suponho que eles gostem tanto disso porque não sabem nada sobre a beleza do teatro antigo. Eu posso admitir que isso é uma desculpa deles, mas não nos aproxima de um palco mais nobre – não nos traz mais perto de uma cenografia nobre. Mesmo muitas de minhas próprias cenas, das quais há quarenta neste livro, em minha opinião, nos aproximam muito pouco dela.

Quando comecei a trabalhar, não havia escola para a arte do teatro, não havia ninguém para me contar essas coisas que eu lhes contei; e só agora, depois de muitos anos trabalhando, vi a direção para a qual estamos todos indo. E agora não aponto de volta para os gregos, não aceno um retorno para a Igreja Católica, nem para algum teatro nobre que já possuímos, nem lhes digo para reconstruí-los. Não me preocupo nem um pouco com as sobras do passado, só com o futuro; mas o que os melhores no passado nos ensinam é exatamente o mesmo que os melhores no futuro, e para alcançar esse velho novo ideal – talvez mesmo para superá-lo no tempo – eu rumo em direção a um novo Teatro.

SOBRE UMA DECORAÇÃO CÊNICA DE BIBIENA

NOSSO sistema de decoração foi propriamente inventado para a ópera, para a qual é, de fato, melhor adaptado. Ele tem alguns defeitos inevitáveis, outros que certamente podem ser evitados, mas que raramente o são.

Entre os defeitos inevitáveis, percebo a quebra das linhas nas cenas laterais de todos os pontos de vista, com exceção de um; a desproporção entre o tamanho do ator, quando ele aparece no fundo, e os objetos diminuídos na perspectiva; a iluminação desfavorável debaixo e por trás; o contraste entre o que está pintado e as luzes e sombras reais; a impossibilidade de estreitar o palco ao bel-prazer, de modo que o interior de um palácio e um casebre tenham a mesma extensão e largura etc.

Os erros que podem ser evitados são: falta de simplicidade e de grandes e estáticas massas; sobrecarregar o cenário com objetos supérfluos e dispersivos, seja pelo pintor ter desejado mostrar seu talento com a perspectiva ou por não saber como preencher o espaço de outra forma; uma arquitetura cheia de maneirismo, geralmente toda desconectada, ou pior ainda, inconsistente com o que seja possível, colorida de um modo disparatado que não parece com nenhuma espécie de pedra no mundo.

A maioria dos pintores de cena deve seus sucessos inteiramente à ignorância dos espectadores sobre a arte do design; eu tenho visto com frequência um espaço todo enfeitado com uma decoração que leva o olho treinado a virar-se com repulsa, e em cujo lugar uma parede toda verde teria sido infinitamente melhor. Um gosto viciado pelo esplendor da decoração e magnificência das roupas tornou as produções de

teatro um negócio caro e complicado, em que geralmente os principais requisitos, boas peças e bons atores, são considerados assuntos secundários; mas esse é um inconveniente que é desnecessário mencionar aqui.

A.W. SCHLEGEL

E o que Schlegel diz se aplica muito bem a esta decoração cênica de Bibiena. O desenho é um triunfo do artificial. Se a artificialidade é o que se quer no teatro, então este é um desenho triunfante para o teatro. O artificial somente hesita e cicia, e isso chega a ser charmoso quando ele está no seu lugar preciso. Ainda assim, o artificial não está excluído do esquema da natureza. Mas é pouco inteligente para nós, como artistas, exagerar algumas das bobagens da natureza, como o seria exagerar seus modos nobres, omitindo todas as tolices. Se a natureza não se presta a ser olhada pelo artista como ela é, então fora com olhos, ouvidos e tudo o mais. Você a olha assim e depois escreve uma história sobre ela, não omitindo nada, mas a elogiando de um modo mais natural. Se você deixa de admirá-la, seria melhor que nem tivesse nascido. Ela o gera e o adula, e o mínimo que você pode fazer é retornar o cumprimento.

"ENTRA O EXÉRCITO"

EIS uma rubrica e eis um drama.

Eu morei algumas vezes em Trafalgar Square, onde toda sorte de coisas não dramáticas acontecem o dia inteiro, mas quando escuto uma banda à distância, e vejo as tropas se aproximando, sinto que, mesmo sendo apenas um regimento de homens, é dramático. O que você pode dizer é: aquilo é teatral. Estranho que tropas marchando tão bem perfiladas sejam chamadas de teatrais! O efeito é teatral? Não creio. Acho que o efeito é dramático. Que o exército possa ser o exército do General Booth, e que eles estejam levando seu caixão para a cova, não me parece que torne isso mais dramático, mas o fato de que é um corpo de homens de uniforme e que esteja marchando em uníssono, *isso* me parece muito dramático. Se estivessem todos divididos e disparatados, em que difeririam do ordinário? Com a entrada do exército, retornamos ao velho sentimento que havia na entrada do coro no drama grego ou na entrada do coro no drama medieval. A ideia do coro pode parecer fora de moda para algumas pessoas. Certamente o espírito de harmonia e uniformidade não é um espírito muito moderno, e, a não ser no exército, ou no âmbito da polícia, ou em um jogo de críquete, nós raramente percebemos sua presença. Mas, na arte, ele parece completamente esquecido para mim, ainda que fosse a coisa essencial a ser recordada.

Bem – "Sai o exército".

AS LUZES
DE LONDRES

ESTE é um dos meus primeiros desenhos. Antes dele, quando produzi peças, eu rabisquei desenhos precários com um lápis azul, e não os traduzi em nada pictórico. Se eu tivesse tido um teatro em 1900, nunca teria sido forçado a fazer esses desenhos, e preferiria ter tido a chance de trabalhar diretamente com o material que o teatro oferece e não com o material que é dado ao desenhista. As duas coisas são, é claro, completamente distintas, e, se eu não tivesse nascido em um teatro, teria feito fantasias que não poderiam, provavelmente, ter sido realizadas no palco. No entanto, como nasci, fui capaz de fazer, com minha experiência no teatro, desenhos que podem, com grande chance, ser perfeitamente materializados.

Se você olhar cuidadosamente para eles, verá sinais disso. Creio que muito raramente você verás as coisas aqui em perspectiva: avenidas levando sabe Deus para onde e que ninguém poderia percorrer. Lembro-me que quando a cortina descia e eu estava no palco durante os *entr'actes*, muitas vezes eu vagava até o chamado "pano de fundo" e enquanto a música soava na orquestra e as pessoas eram chamadas para o palco, olhava nostálgico para as montanhas pintadas lá ou para as tortuosas estradas que levavam a elas e me via andando por ali. Essas eram divagações em que eu sempre me entretinha. Como um jovem ator, e quando já vestido como a personagem que interpretaria – de fato,

quando já fora de mim –, eu realmente acreditava que aqueles panos de fundo eram reais. Lembro-me de um telão adorável em *Olivia* pintado por Hawes Craven, e outro adorável pintado pelo mesmo artista para *Ravenswood*[9]. O primeiro era uma paisagem inglesa – os morros de Yorkshire e um encantador céu vespertino; pequenas cabanas pontilhavam na distância; e recordo que havia um grande casarão – que, suponho, se pretendia ser a mansão de Squire Thornhill.

Na cena de *Ravenswood*, havia milhares de pequenas árvores crescendo em uma colina coberta com gloriosas azuis; não eram apenas umas poucas gloriosas em canteiros, a colina estava inteiramente coberta por elas.

Eu costumava permanecer quieto próximo desses panos de fundo, e me lembro que sempre os tocava. Punha meu dedo na casa de Squire Thornhill ou no grande carvalho à distância ou, com meus dois dedos, subia por alguma alameda. De qualquer modo, meu maior desejo era entrar na pintura, e sempre me lamentava que não pudesse fazê-lo. Foi por essa razão, eu suponho, que ao começar a desenhar cenas evitei definir qualquer lugar em minhas pinturas que não pudesse realmente ser percorrido por dentro pelos atores.

Agora, se em um drama você tem a menção de uma escada que ninguém jamais foi capaz de subir ou descer, e se o dramaturgo deseja mostrar que ninguém será capaz de subir ou descer aquela escada, então há algum sentido em pintá-la em vez de construí-la. Mas se passos devem

---

9 *Olivia*, adaptação de W.G. Wills do conto "Vicar of Wakefield", foi uma encenação do Court Theatre, em Sloane Square, pequena casa gerenciada por John Hare, que marcou a carreira de Ellen Terry em 1878, ano de nascimento de Craig. O telão a que se refere aqui provavelmente é de uma montagem posterior da peça, no Lyceum. *Ravenswood* é uma versão adaptada da novela de Walter Scott, *The Bride of Lammemoor*, encenada no Lyceum em 1891, por Henry Irving. (N. da T.)

ser mostrados em alguma cena – em *Júlio César*, digamos – que não apenas a fantasia como também o senso comum povoaria com muitas figuras, então seria ridículo pintar aqueles degraus – eles deverão ser construídos; pois se forem apenas pintados, e ninguém subir ou descer por eles, você sugerirá para o espectador que há algo muito excêntrico acontecendo em Roma naquela tarde particular. Não é verdade?[10]

Assim, você verá essa regra prevalecendo ao longo dos meus desenhos. Não há um ponto neles em que não se poderia andar ou viver. Quando introduzi uma pirâmide, como no desenho para *César e Cleópatra*, na página 125, eu a pus tão distante que na natureza ninguém veria as figuras sobre ela. É só em uma distância como essa que nossa imaginação poderia povoá-la – e nosso olhar a percorrer de cima a baixo com facilidade.

Este primeiro desenho em meu livro foi feito para *As Luzes de Londres*. Eu deixei de fora todas as luzes de Londres que outros pintores de telões teriam posto ali e incluí a única luz que eles sempre deixaram de fora. Ser natural hoje em dia é ser excêntrico.

---

10 Havia uma cena de jardim numa certa produção de *Twelfth Night* (Noite de Reis) que eu assisti certa vez que continha um longo lance de degraus de grama verde, e não dava nenhum senso de ilusão ao espectador, pois ninguém subia mais do que seis ou dez dos cem degraus. Assim, todos eles desviavam agudamente para a direita ou esquerda – seis ou dez eram degraus verdadeiros, o resto todos pintados. Champfleury, escrevendo sobre cenografia, diz: "Seja falso, mas falso do começo ao fim, e você será verdadeiro." Como a maioria dos paradoxos, há verdade nisso. Mas o que é melhor de lembrar é que nós precisamos ser sempre verdadeiros com a natureza – e podemos sempre ser verdadeiros com ela – quando nós a compreendemos. Degraus pintados, janelas e outros detalhes como esses, que têm de ser usados, ou poderiam ser usados, não são naturais e por isso não têm lugar. (N. da E.: Jules François Felix Fleury-Husson [1821-1889], cujo *nom de plume* era Champfleury, foi um crítico e romancista francês, adepto e defensor do realismo.)

A MASQUE DE LONDRES[11]

ESTE também é para uma peça cuja cena se passa em Londres. Em 1901, eu escrevi o roteiro para uma "Masque de Londres" e esta era uma das cenas desenhadas para aquela *masque*. Há outra cena neste volume para essa *masque* londrina, que supostamente seria as Velhas Escadarias de Wapping (Old Stairs). No desenho original, a partir do qual essa reprodução foi feita, nem tudo é inteiramente cinza. Há três ou quatro pedacinhos de um azul muito pálido percebidos por entre as nuvens de cinza, e estes previnem o espectador de sentir-se desesperadamente miserável – estes e a igreja branca no meio mantém o lugar trágico razoavelmente alegre.

As igrejinhas brancas que você vê sobre os telhados de Londres, despontando do mar de cinza da maneira mais surpreendentemente virginal, como são belas! À noite, também, elas ficam ainda mais belas. Eu nunca entendi por que os pintores de telões jamais nos ofereceram a majestade e poesia de Londres quando tinham de desenhar cenas para peças modernas. Suponho que os dramaturgos não queriam nada majestático. A abordagem mais próxima que já vi de uma boa interpretação de Londres no palco foi no Teatro Surrey, em um melodrama

---

11 *Masque* é uma forma teatral originária da corte inglesa, de grande aporte visual e amiúde operando a partir de alegorias. Esse formato era uma das inspirações de Gordon Craig nos primeiros espetáculos que produziu na Purcell Operatic Society entre 1900 e 1902. (N. da T.)

carregado, chamado, creio eu, *Sua Segunda Vez na Terra*. Havia uma vista das ruas de Londres à noite do alto de um telhado, e o pintor, quem quer que fosse, teve evidentemente a ideia certa. Parecia haver pelo menos vinte mil luzes, dispostas em grandes curvas, mas este é o único exemplo de uma grande cena de Londres que consigo recordar. Chega perto de sugerir a magnificente e bela coisa que Londres é. Oh, por um escritor que possa emergir na nossa névoa e compor um grande poema dramático que por si consiga expressar a glória do lugar em que vivemos! Eu estarei a seu serviço no dia em que ele chegar.

Esses intérpretes pobres de espírito da capital da Inglaterra me deixam doente com sua estreiteza de visão. As marionetes de poucos centímetros que eles criam, chamando-as de Senhora isso e Senhor aquilo – o que elas têm a ver com Londres? Dickens tem, desafortuna-damente, de ser dramatizado por um assistente afável antes que suas personagens possam ser postas no palco.

HENRIQUE V –
AS TENDAS

ESSA cena representa as trincheiras que cercam o campo inglês. A tenda do rei é vista ao fundo, e a cerca se estendendo pelo meio do palco é para os atores. Eles entram por trás, escalando a cerca e falando à medida que se empoleiram lá feito pardais em fios telegráficos, mudando de posição assim como os pardais voam de um lado para outro. Acho que os atores seriam capazes de transformar essa cena em algo útil. Os atores, em geral, podem ir fundo na pesquisa de ideias para uma cena e aproveitá-las. Se apenas os trágicos pudessem fazer isso, tudo estaria bem. Os únicos homens que podem atuar em tragédias como se pretendeu que atuassem estão agora nos *music halls* (teatros musicais) ou no Gaiety (teatro de variedades).

Se o sr. G.P. Huntley não tivesse dedicado tanto tempo às formas mais leves de tragédia, ele poderia agora estar aterrorizando o público inglês com as formas mais pesadas de comédia. O único espetáculo sério que eu vi em Londres no ano passado foi um entretenimento leve pelo sr. G.P. Huntley em um *music hall*. Mesmo Grasso, o trágico siciliano, que estava atuando naquela mesma noite, não estava mais compenetrado.

Bem, suponho que teremos de contar com nossos comediantes para as tragédias. O sr. Pelissier como cardeal Wolsey era certamente a figura mais aterrorizante em uma pequena paródia trágica que vi certa vez em Londres.

"A CHEGADA"

NÃO se destina a nenhuma peça em particular, mas sim para o que eu acredito ser o verdadeiro drama. O nome explica o drama. A primeira imagem nesse volume ("Entra o Exército") é uma indicação cênica; o mesmo para "A Chegada", um tipo de rubrica. Nos conta algo que está sendo feito e não algo que está sendo dito, e o fato de não sabermos quem está chegando e por que estão chegando, ou como se mostrarão quando aparecerem, faz disso, no meu entendimento, dramático. "E", dirão vocês, "insatisfatório". Isso depende. Depende de você estar mais interessado no fim do que no começo. Parece-me que quanto mais se posterga o fim, mais excitante a vida pode se tornar. Abrir as portas douradas e não encontrar nada senão estrelas refulgindo, e ter que admitir para Bill que "não há nenhum céu", me parece uma coisa estúpida a antecipar. É garantido que se você não abrir as portas, você nunca saberá, e isso é o céu. Maeterlinck, claro, sustenta que saber o lugar em que se está é encontrar o céu, mas isso não será possível.

Sinto que os dramas não deveriam nunca contar nada. Não quero dizer que você não deveria escutar nenhuma palavra falada, ainda que isso fosse uma grande benção, mas as coisas feitas, as ambições despertadas, não deveriam nunca ser concluídas – elas deveriam ser sempre um mistério; e mistérios deixam de existir no momento em que as coisas acabam; o mistério morre quando você toca a alma das coisas ou vê a alma bem clara. Então, que maluquice estamos dizendo quando

falamos sobre o mistério desta ou daquela peça, quando essas peças não são nada misteriosas, mas, ao contrário, inteiramente compreensíveis. Vocês gostariam que eu fosse um pouco mais compreensível. Se eu quisesse ser, deveria dizer o que disse dez anos atrás, "deem-me um teatro", e então vocês seriam como o cego Gloucester, a "ver intuitivamente".

LEAR: Leia.

GLOUCESTER: O que, com essa circunstância de olhos?

LEAR: Oh, ei, você está aqui comigo? Sem olhos no rosto, nem dinheiro no bolso? Seus olhos estão numa situação pesada, seu bolso, em uma leve, e ainda assim você vê como esse mundo caminha.

GLOUCESTER: Eu o vejo intuitivamente.

Mas não quero mais um teatro. Não precisamos mais de teatros. Precisamos antes nos tornar senhores da arte. Deixe-nos retornar, portanto, aos nossos estudos com toda a seriedade que nos restou depois de centenas de anos de "fingimento".

CINDERELA

O desenho que segue é de 1901. Este é de 1904. O que estaria eu fazendo entre essas datas, que não existem desenhos de 1902-1903 para colocar neste livro?

Eu estava desenhando em um palco, óperas e peças e *masques*, e havia, pois, menos necessidade de traduzir minhas intenções plenas no papel. Tenho uma caixa cheia de esboços e diagramas desse período no papel, mas não são para este livro. Eles deverão ter um livro próprio. Esses desenhos foram para *Dido e Eneas, Acis e Galatea, The Masque of Love, Sword and Song, The Vikings*[12], *Muito Barulho Por Nada*, e ainda um velho amigo escocês me disse outro dia, com seu belo sotaque carregado: "Craig, você só tem que mostrar a eles o que você pode fazer no palco de um teatro, e então terá todo apoio de que precisa. Comece em qualquer lugar pequeno e simples", disse ele, "um espaço pequeno em algum lugar, e você não quererá nenhum dinheiro para fazer isso, todo mundo trabalhará para você por nada, e você prosseguirá por vários anos, e então todos irão apoiá-lo." Contei a ele que as pessoas que trabalharam comigo nas óperas *Dido e Eneas, Acis e Galatea* e *The Masque of Love* o fizeram por nada, aproximadamente oitenta delas, e por oito

---

12 *Dido e Eneias*, ópera de Henry Purcell; *Acis e Galateia*, ópera de Georg Friedrich Händel; *A Máscara do Amor*, também de Purcell; *For Sword or Song*, peça-musical de Robert George Legge; e *Hærmændene paa Helgeland* (Os Guerreiros em Helgeland), de Henrik Ibsen. (N. da E.)

meses em cada produção. Mas isso foi quando eu tinha trinta anos, e antes de eu entender que pedir ajuda de graça é explorar os milionários. Todos entregaram voluntariamente seu tempo e energia à tarefa. Claro que se poderia ainda continuar pedindo às pessoas para colaborar assim, mas fiz uma importante descoberta desde aqueles dias. As pessoas às quais eu peço para trabalharem comigo devem ter duas qualidades em particular, que são muito raras. Primeiro, obediência; segundo, lealdade entusiástica. Essas duas qualidades elas devem todas possuir ou alcançar e desenvolver. Agora, fazê-las atender às tarefas em que as engajo é o único fim das minhas exigências; mas não vou de modo nenhum sentar e ver essas pessoas, que vingaram onde outras falharam, passarem ao largo e não reparar nelas. Elas iriam, não tenho dúvida, trabalhar para mim, como esse meu amigo sugeriu, até o reinado vir, se eu tivesse que apelar a sua lealdade e obediência. Mas uma vez tendo encontrado essas duas qualidades, elas teriam tudo o mais; e pudesse eu encontrar dois mil trabalhadores apenas com essas duas qualidades, o teatro teria tudo o mais, e consequentemente a nação teria o teatro. Alguém realmente deve explicar um pouco o que se quer dizer por lealdade entusiástica e obediência, pois essas duas coisas são pouco entendidas hoje. Como explicar melhor em uma palavra? Creio que a ideia toda possa ser resumida em uma palavra: "família". Ela é ouvida de filhos e filhas sendo obedientes a seus pais. Alguns dizem que a obediência é a força de uma nação. Sem dúvida, ela é natural, bonita e saudável. Duas coisas são necessárias – que o pai saiba tudo sobre a casa, e os filhos não finjam saber tudo até que chegue a sua vez de atuar como pai, e que as filhas aprendam a desprezar gatos.

Bem, então.

AS VELHAS ESCADARIAS DE WAPPING

QUANDO desenhei isto, eu estava vivendo em um pequeno estúdio em algum lugar no meio de Londres, e odiando mesmo ter que olhar alguém, a não ser quando eu tinha dinheiro para ir de ônibus para Hampton Court[13]. Nessa época, eu estava escrevendo um tipo estranho de mimodrama, planejando seu desenvolvimento, desenhando todas as cenas e os movimentos; e se chamava "Fome". Era uma coisa assustadora. Pediram-me para produzi-la em Berlim, mas naquele tempo eu havia escapado para uma boa e encorajadora cidade, e achei que seria um pouco injusto. Penso naquele mimodrama que eu tinha bolado junto com todas aquelas mulheres desgraçadamente preguiçosas, ainda que "respeitáveis", que levavam duas mil libras em seus pescoços e ostentavam suas roupas e pareciam bem detestáveis. Acho que eu não entendia que elas não eram tão detestáveis quanto pareciam, mas naquela época eu, de fato, as odiava, tão apaixonadamente que as difamava ao longo de todas as páginas. Elas eram a razão pela qual uma família inteira foi levada à morte no palco bem diante de seus olhos nessa coisa tragicômica chamada "Fome". Havia um rei ali, uma criatura grande e gorda que era

---

13 Palácio na margem norte do rio Tâmisa na região de Richmond, residência real favorita do rei Jorge II. (N. da T.)

empurrada numa cadeira de rodas semelhante a um imenso sapo; ele era um tipo de rei do dinheiro, locupletado por muitos jantares no Savoy. Não um rei de verdade, é claro – uma besta de rei –, e recordo que sua entrada, particularmente, me agradava. Ele era empurrado sob rodas, coroado naquele trono de inválido que parecia um mar de travesseiros; os que o empurravam eram os principais cavalheiros da corte. Sua evolução era feita da seguinte maneira: primeiro quatro passos e depois todos quase desmaiavam de cansaço – um abano – uma aspiração de sais durante a pausa, silêncio, e uma diminuta e chiada voz das profundezas dos travesseiros chamando por alívio. Então outro corajoso esforço – quatro passos adiante e uma outra pausa com a mesma toada repetida. Até que, enfim, eles alcançavam o seu destino. Não penso que devesse ter qualquer coisa mais a fazer com esse drama até que eu possa mostrar a outra metade da verdade. A fome dos pobres era posta de forma correta, mas a fome dos ricos não foi bem trabalhada. Ouso dizer que é tão trágica quanto.

Ao mesmo tempo eu estava preparando um segundo mimodrama que se chamaria "Londres", e a imagem que se vê é um dos desenhos que eu fiz. Nunca terminei o drama, mas me lembro que ele começava em algum lugar da Pérsia ou Arábia. Num grande saguão, inundado de luz, de modo que não se pudesse ver em que terra se estava, um filósofo e um poeta eram descobertos meditando (assim como se medita no Oriente – de maneira nenhuma como estar absorto), e o poeta era o poeta de Blake que via *através* de seus olhos, e o filósofo via *com* eles. E o poeta não acreditaria em todas as coisas que o filósofo lhe contava de Londres, e era extraído da Arábia, do sol, e pousava nas Velhas Escadarias de Wapping. Ali, lhe era mostrado que Londres é o lugar para onde todas as almas mortas dos homens são trazidas e, em alguns casos infortunados, dispostas, seja aquela do menino de jornal ou o do engraxate, a quem se dava algo para comerciar, alguns jornais para vender, algumas botas para lustrar, mandando-o depois de volta aos seus assuntos. E recordo que todas elas chegavam em grandes balsas pelo Tâmisa marrom, e eram arremessadas para fora como sacos de carvão e enviadas por aqueles degraus acima, seus nomes ou números sendo gritados por alguns espíritos infernais que ficavam ticando-os em um papel. Havia uma outra cena, e depois abandonei isso.

Nesse desenho, contudo, as duas figuras, ou melhor, a primeira, parece estar tirando o melhor do lugar. Não presumo de nenhum modo que, de fato, seja como as Velhas Escadarias de Wapping de hoje, mas talvez vocês relevem isso.

VENEZA PRESERVADA

UM dos desenhos que fiz para a cena onde os conspiradores se encontram em uma pequena rua de Veneza. Eu não proporia tal cena para nenhum teatro, à exceção de um com uma forma especial – isto é, com todos os assentos em um piso inclinado. Que formidável é que se deva falar de tal teatro como sendo um especial, e cada teatro do mundo não tenha todos os seus assentos em um piso como esse! A Alemanha aprendeu isso com Richard Wagner e tem agora, suponho, pelo menos trinta ou quarenta desses teatros, e todo ano aparece um novo. Do que estou falando? Ora, pelo menos dez novos teatros estão sendo construídos lá todo ano. Vê-se muita coisa nos jornais sobre navios alemães que estão sendo construídos, como se alguém derrotasse uma nação apenas com navios. Ora, você pode derrotá-los por meio do teatro – não significa dizer coisas rudes sobre eles no palco ou lisonjear a nós mesmos e a nossa coragem e os nossos barcos no palco, mas sim construir teatros que estejam à frente de seu tempo ou pelo menos atualizados.

Nós estamos construindo teatros já superados há sessenta ou setenta anos. E não é pelos navios que vamos perder a batalha quando o dia vier, será pelos teatros e aquelas outras instituições antiquadas.

Pior que isso. Não estamos nem mesmo construindo velhos teatros. Outro dia eu estava numa cidade-jardim que está supostamente, e experimentalmente, muito a frente de seu tempo. Não havia ninguém

ATO II

que pudesse construir um teatro para os jovens companheiros que ali estavam trabalhando para criar um teatro, e que já vinham trabalhando para criar isso havia dois anos. Se essa tivesse sido uma cidade-jardim alemã – e acredito que os alemães estão começando a construí-las –, uma das primeiras coisas que eles teriam estabelecido como necessária, como essencial à vida do lugar, teria sido um teatro, desenhado por um dos mais visionários jovens arquitetos, e onde uma peça diferente seria encenada todas as noites – peças clássicas tanto quanto modernas – e em que, provavelmente, mil pessoas poderiam sentar-se e assistir os mais avançados dos nossos escritores dramáticos, diretores de palco e pintores de cenas, como os demais, e lhes teriam concedido a oportunidade plena de ir adiante. E a coisa extraordinária é que ninguém na Inglaterra acreditará nisso quando um inglês trouxer notícias da Alemanha sobre a grande atividade do teatro alemão.

Suponho que dificilmente algum de vocês tenha lido *Veneza Preservada* de Otway, mas como podem imaginar, se passa em Veneza – uma Veneza construída por Otway, que talvez conhecesse bem pouco a respeito da cidade, e se importasse ainda menos com isso, mas que seguiu a moda de seu tempo, e empregou Veneza como um pano de fundo para o seu drama de paixão. Hugo von Hoffmansthal, de Viena, adaptou mais ou menos livremente a obra-prima de Otway para um diretor alemão, e a mim foi pedido em 1904 para ir a Berlim e desenhar a cenografia e os figurinos para a tragédia e supervisionar a produção. Fiz isso tão bem quanto pude sob aquelas condições, e como um indicativo das circunstâncias, vou lhes dar um exemplo do que eu pretendia. Mostrei esse desenho, um único para a última cena, ao diretor, que antes tinha sido um crítico literário, e tinha estudado o teatro por alguns poucos anos, portanto não como um artista, mas como um "literato". Ele olhou o desenho com alguma suspeição. E depois olhou para

ATO IV

mim com mais suspeição, e me perguntou onde era a porta. Eu disse: "Mas não há porta." Eu disse: "Há uma entrada e uma saída." Ele disse: "Mas eu não vejo maçaneta nem fechadura. Você não pode ter uma porta sem maçaneta." E de novo repeti: "Não há porta. Há um caminho para entrar e um caminho para sair." Isso quase o enfureceu, mas ele se transformou e ficou bem calmo de novo e agradecido quando eu o informei que tinha sido copiado exatamente, linha por linha, de um velho manuscrito italiano. Deixo a cargo do leitor adivinhar se eu tinha ou não copiado isso. Percebam que o problema é, e sempre será, que certos homens de teatro em postos elevados não têm imaginação. Eu não queria que esse simpático e idoso cavalheiro imaginasse uma porta, mas queria que ele, por meio de sua imaginação, visse que nenhuma porta era necessária, e só consegui isso quando lhe assegurei que era a réplica de um original. Agora, esse bom homem foi particularmente insensato ao tornar impossível para mim considerar uma segunda peça com ele por conta de seu jeito pouco imaginativo de olhar as coisas, pois em três ou quatro anos ele praticamente perdeu a bênção de seus patronos, que deixaram seu teatro e foram para o teatro de oposição, que era dirigido por um amigo meu, que teve o – como se deveria chamar isso? – o bom senso de fazer uso de minhas velhas ideias (assim eles disseram), e assim encher seu teatro até abarrotá-lo[14].

Tem-se de dizer essas coisas agora e sempre, e é mais fácil de fazê-lo quando não se está mais em competição com qualquer administrador ou quaisquer empreendedores teatrais.

---

14 O amigo a que Gordon Craig se refere é, provavelmente, Max Reinhardt, que será mencionado diretamente em outro texto à frente, como alguém que se serviu livremente de suas ideias sem pedir licença. (N. da T.)

HAMLET
ATO I — CENA 5

COMO folha de rosto para este livro, eu tenho outro desenho para essa mesma cena de Hamlet. Um foi feito em 1904, o outro em 1907. Mostra a vocês o que realmente penso do ator e dos seus poderes. No desenho de 1904, vocês veem que eu o coloquei em um lugar no qual ele pode predominar com dificuldade. Em 1907, eu o coloquei em um lugar que exigiria um herói para dominá-lo.

Por que pôr o ator em um teatro de Guignol?

Todo mundo o chama de boneco, e, por Roscius, se ele calha de ser um, ele deverá ser um boneco superior. Ele deverá ser tão pequeno quanto vocês quiserem, e o lugar deverá se impor sobre a sua cabeça pequena, e ainda assim ele deverá dominá-lo. Sua face deve desaparecer, e nada deverá restar, senão suas ações, e ainda assim ele deverá dominá-lo.

O movimento deverá ser extraído dele, e ele deverá ser colocado numa situação tão desesperada que nada, senão uma máscara, deverá restar-lhe, e ainda assim ele deverá predominar. Mas tudo isso deverá ser feito somente com enorme autossacrifício pelo bem do teatro. "Mas por que sacrifício?", diz alguém. Bem, se puder ser feito de qualquer outro modo, tanto melhor, mas nunca foi feito, e parece que nunca será. "Por quê", vocês perguntarão. Bem, quando vocês tiverem respondido todas as questões que o poeta propõe sobre as flores nos vãos do muro, vocês serão muito mais sábios do que eu jamais pude ser, e não haverá necessidade de me interrogar. Se não houver mistérios na vida, então a vida não tem absolutamente nenhum valor; mas toda coisa mínima é um grande mistério, e toda coisa mínima deveria ser tratada assim.

Portanto, devemos nos desenvolver e dominar o mundo e aquela coisa muito mais difícil – nós mesmos. Então, deveremos ser mesmo atores.

ELECTRA

EU nunca assisti *Electra* encenada, ainda que tivesse visto a peça feita em um teatro. Eu a vi na Alemanha. Minha impressão foi que Electra era uma senhorinha realizando uma pequena vingança com muito gosto. Essa impressão foi criada porque não havia beleza no espetáculo e, sem a beleza, não há Verdade. "E o que é a Verdade?", pergunta Pilatos, brincando. E Keats respondeu a ele de uma vez por todas. Beleza é a plenitude, e mesmo um toque dela aqui e ali em um espetáculo, mostrando que o atuante a percebeu, é suficiente para nos revelar que ele se sente como um verdadeiro artista. Se você for capaz de mostrar que viu a plenitude completamente, então, criou uma grande obra de arte. Tudo isso não é dito para provar qualquer coisa em favor ou contra o desenho aqui, embora talvez haja nele o mais pálido vislumbre de algo que pode ser chamado de beleza. Meus olhos não conseguem mais encontrá-la aí, ainda que seja um dos desenhos que guardo com mais gosto. Qual realmente é a melhor definição de beleza? Não pode ser aquela que joga o espírito e a matéria fora da harmonia! Você não pode tomar partido: as duas coisas devem ser fundidas, antes que a beleza possa sequer se aproximar.

JÚLIO CÉSAR
ATO II — CENA 2

Entra César, em sua túnica noturna

CÉSAR: Nem céu nem terra estiveram em paz esta noite;
Calpúrnia gritou três vezes em seu sono,
"Socorro, eles mataram César!" Quem está aí?

Entra um Servo

SERVO: Meu senhor?

CÉSAR: Vá pedir aos sacerdotes que apresentem um sacrifício,
E traga-me suas opiniões sobre o que sucederá.

SERVO: Eu irei, meu senhor.

(Sai.)

Entra Calpúrnia

CALPÚRNIA: O que pretendes, César? Pensas em andar por aí?
Você não deveria se mexer fora de casa hoje.

CÉSAR: César vai em frente, as coisas que me ameaçam
Só me olham pelas costas, quando veem o rosto de César,
Elas desaparecem.

CALPÚRNIA: César, nunca me prendi às cerimônias,
Mas agora elas me aterrorizam. Há uma em que,

Além das coisas que nós escutamos e vemos,
Dá-se conta das visões mais horríveis vistas pelo vigia.
Uma leoa pariu nas ruas,
E covas bocejaram e expulsaram seus mortos;
Guerreiros ferozes flamejando lutam sobre as nuvens,
Em colunas e esquadrões na forma exata da guerra,
Que librina sangue sobre o Capitólio;
O ruído da batalha zune no ar,
Cavalos relincham, e homens morrendo urram,
E fantasmas ganem e berram pelas ruas.
Oh, César! Essas coisas estão além de toda norma,
E eu as temo.

CÉSAR: O que pode ser evitado
Cujo fim é desejado pelos poderosos deuses?
Ainda assim, César deve seguir adiante; pois essas predições
São tanto para o mundo em geral como para César.

CALPÚRNIA: Quando mendigos morrem, cometas não surgem no céu;
Os próprios céus flamejam a morte dos príncipes

CÉSAR: Covardes morrem muitas vezes antes de suas mortes,
O valente não experimenta a morte senão uma única vez.
De todas as maravilhas que eu ainda tenho ouvido,
Parece a mim estranhíssimo que o homem devesse temer,
Vendo a tal morte, um fim necessário,
Pois ela virá quando tiver de vir.

A PRINCESA É ROUBADA

ESTE foi um incidente em um mimodrama a ser chamado "A Vida de uma Princesa", e esta é uma de suas primeiras aventuras. Suponho que a cena serviria igualmente bem para qualquer outra peça que fosse romântica e, portanto, acho muito difícil dizer qualquer coisa sobre isso a não ser que "Aqui está".

OS DEGRAUS I
PRIMEIRA ATMOSFERA

EU acho que foi Maeterlinck quem apontou para nós que o drama não é somente aquela parte da vida que diz respeito aos bons e maus sentimentos dos indivíduos, e que existe muito drama na vida sem a colaboração de assassinatos, ciúmes e outras paixões primárias. Ele então nos encaminhou até uma fonte ou interior de um bosque, ou trouxe um curso d'água sobre nós, fez de um galo um corvo, e nos mostrou o quão dramáticas essas coisas são. Claro, Shakespeare nos revelou tudo isso alguns séculos antes, mas faz muito bem e não há nenhum dolo em ter isso repetido. Ainda assim, creio que ele deveria ter nos contado que existem dois tipos de drama, e que eles são muito estreitamente divididos. Esses dois eu chamaria de Drama da Fala e de Drama do Silêncio, e acho que suas árvores, suas fontes, seus córregos e o resto estariam sob o título de "Drama do Silêncio" – isto é, dramas em que as falas se tornam algo mixo e inadequado. Muito bem, então, se nós levarmos essa ideia mais longe, descobriremos que existem muitas outras coisas além das obras da natureza que pertenceriam ao Drama do Silêncio, e uma nota muito grande nesse drama é desempenhada pelo mais nobre dos trabalhos humanos, a Arquitetura. Existe alguma coisa muito humana e pungente para mim numa grande cidade naquela hora da noite em que não há pessoas passando nem sons. É extremamente triste até que você ande e chegue às seis da

manhã. Então é muito excitante. Entre todos os sonhos que o arquiteto deixou sobre a terra, eu não conheço coisa mais adorável que seus voos de degraus levando acima e abaixo, e partindo desse sentimento sobre a arquitetura na minha arte sempre pensei como alguém poderia dar vida (não uma voz) a esses lugares, usando-os para um fim dramático. Quando me vinha esse desejo, eu estava continuamente desenhando dramas em que o lugar era arquitetônico e se oferecia ao meu desejo. E assim comecei com um drama chamado *Os Degraus*.

Este é o primeiro desenho e há três outros. Em cada desenho, eu mostro o mesmo lugar, mas as pessoas que estão abrigadas nele pertencem a cada uma de suas diferentes atmosferas. No primeiro, é luz e alegria, e três crianças estão brincando nele como se você visse pássaros brincando nas costas de um grande hipopótamo esparramado e adormecido em um rio africano. O que as crianças estão fazendo eu não posso lhes contar, ainda que o tenha escrito em algum lugar. É simplesmente técnico e, até ser visto, não tem nenhum valor. Mas se vocês puderem ouvir, na imaginação de seus ouvidos, os sons de passos pequeninos que os coelhos fazem, e pudessem ouvir o farfalhar de mínimas corolas de prata, vocês teriam um relance do que quero dizer e seriam capazes de desenhar para si próprios esses estranhos, rápidos e pequenos movimentos. Agora, adiante para o próximo.

OS DEGRAUS II
SEGUNDA ATMOSFERA

VOCÊ vê que os degraus não mudaram, mas eles estão como estavam, indo dormir, e bem no alto de um amplo e liso terraço nós vemos muitas meninas e meninos pulando como vaga-lumes. E no primeiro plano, e o mais distante deles, eu fiz a terra responder aos seus movimentos.

A terra é feita para dançar.

OS DEGRAUS III
TERCEIRA ATMOSFERA

ALGUMA coisa um pouco mais velha apareceu sobre os degraus. É muito tarde da noite por ali. O movimento começa com a passagem de uma única figura – um homem. Ele começa a decifrar seu caminho pela trilha deixada sobre o chão. Ele falha em atingir o centro. Outra figura aparece no alto da escada – uma mulher. Ele não se move mais, e ela desce os degraus devagar para segui-lo. Não parece muito claro para mim se ela jamais vai se juntar a ele, mas quando eu desenhava isso cheguei a esperar que ela o pudesse. Juntos eles poderão uma vez mais arriscar-se a decifrar a trilha. Mas ainda que o homem e a mulher me interessem até um certo ponto, são os degraus em que se movem que me movem. Acredito que algum dia eu deva me aproximar dos segredos dessas coisas e possa contar-lhes que é muito excitante abordar tais mistérios. Se eles estivessem mortos, o quão maçantes seriam, mas eles estão vibrando com uma grande vida, mais até do que aquela do homem – do que aquela da mulher.

OS DEGRAUS IV
QUARTA ATMOSFERA

OS degraus, desta vez, têm que sustentar mais peso. É noite plena e, só para começar, quero que você cubra com sua mão as marcas escavadas no chão e feche seus olhos para as fontes curvas no alto da escada. Imagine também a figura que está recostada lá, disposta do outro lado dos degraus – ou seja, na sombra. Ele está sobrecarregado com algum sofrimento desnecessário, pois sofrimento é sempre desnecessário, e você o vê movendo-se cá e acolá sobre essa via expressa do mundo. Logo ele passa para a posição em que eu o tinha colocado. Quando chega ali, sua cabeça está afundada sobre seu peito, e ele permanece imóvel.

Então as coisas começam a se mover; no início, sempre muito devagar e depois com crescente rapidez. Acima dele você vê o pico de uma fonte emergindo como a lua nascente quando está pesada no outono. Sobe, sobe cada vez mais, às vezes num grande espasmo, mas amiúde regularmente. Então uma segunda fonte aparece. Juntas elas vertem suas naturezas em silêncio. Quando esses jatos alcançarem sua altura máxima, o último movimento começa. Sobre o solo é delineado em luz quente as formas escavadas de duas grandes janelas, e no centro de uma delas está a sombra de um homem e de uma mulher. A figura nos degraus levanta a cabeça. O drama está concluído.

ESTUDO PARA MOVIMENTO

AQUI nós vemos um homem batalhando em meio a uma tempestade de neve, os movimentos de ambos, tempestade e homem, parecendo verdadeiros. Agora eu especulo o quanto seria melhor se nós não tivéssemos nenhuma tempestade visualizada, mas apenas o homem, fazendo seus gestos simbólicos, que deveriam nos sugerir um homem lutando contra os elementos. De algum modo, suponho que assim teria sido melhor. Contudo, ainda tenho algumas dúvidas, pois, seguindo aquela linha de argumentação em sua sequência lógica, então, não estaria essa alternativa ainda mais próxima da arte se não tivéssemos nenhum homem, mas apenas os movimentos de algum material intangível, que sugeriria os movimentos que a alma do homem faz batalhando contra a alma da natureza? Talvez teria sido ainda melhor não ter nada mesmo. Se calhar de ser isso, então a arte, estando quase em seu último suspiro, hoje nos parece mais próxima da perfeição do que se estivermos mesmo nos dias dos grandes *designers* simbólicos da Índia[15]. Mas se o que temos é o homem real desempe-

---

15 Opta-se por não traduzir *designer* nesse caso, pois parece impossível uma tradução que deixe mais claro o sentido proposto por Craig do que o uso do termo em inglês, hoje praticado no português vernáculo, o poderia deixar. (N. da T.)

nhando gestos reais, por que não ter a cena real transcorrendo pela sua pantomima real?

Eu não sei se alguém está realmente muito interessado nessas questões, mas ninguém parece estar fazendo qualquer esforço em respondê-las, de um modo ou de outro. Vamos então virar a página.

CÉSAR E CLEÓPATRA

AINDA que eu realmente tenha desenhado essa e as duas cenas seguintes para mim mesmo, seria mais exato dizer que eu as desenhei para o professor Reinhardt. Quantas cenas não desenhei tanto para mim como para o professor Reinhardt seria difícil dizer, mas em 1905 ele me pediu pela quinta ou sexta vez para encenar uma peça para ele, e, naturalmente, no momento em que alguém pede a outrem para encenar uma peça, essa pessoa fica excitada. Meu filho me pede para encenar peças tanto agora como antes, e isso realmente me excita, e da mesma forma fiquei realmente excitado com a sugestão do professor Reinhardt. Comecei a trabalhar, e em alguns dias tinha posto em cores oito ou dez projetos para a encenação. Lembro-me de também ter feito um modelo para a Primeira Cena. Um sujeito faz essas coisas quando é jovem, ou seja, na segunda-feira ou na terça – mas quando fica mais velho, na quarta, ele estupidamente para de fazer essas coisas. Por exemplo, alguém sugeriu outro dia em Londres que eu deveria produzir esta e aquela peça. Dessa vez, em lugar de correr afobado para o papel e o lápis, e criar algo que pudesse me interessar depois, eu disse a mim mesmo: "Essas pessoas não são sérias. A coisa não acontecerá nunca." E assim desperdicei alguns dias de excitação e alguns bons desenhos. Elas não são sérias, essas pessoas que convidam um artista a começar um trabalho e depois se aterrorizam com seu próprio pedido, e é por tudo isso que aconselho todos os jovens a serem duros. Os contratos são quase sempre sem valor no mundo teatral e um convite para colaborar em um trabalho no teatro também vale muito pouco, mas valiosa é a esperança que é injetada em você quando alguma pessoa "importante" diz: "Você fará isso para mim, *Herr* Jones ou *señor* Smith?" Claro que instantaneamente você diz a si mesmo com o coração disparado (pois o coração dos artistas é sempre jovem e propriamente tolo): "Isto é maravilhoso; todos os meus sonhos como artista se realizarão. Nós, todos nós, voaremos em breve." E você se manda e começa a fazer dez desenhos. Isso é na segunda, quando você é jovem, e na quarta você se torna mais cauteloso porque se dá conta de que o mundo é velho, e a metade dele é um lugar realmente muito horroroso – mais horroroso até do que você mesmo. Extraordinário!

ATO I, CENA I

CÉSAR E CLEÓPATRA
ATO I — CENA I

PENSO que dificilmente o sr. Bernard Shaw gostará desse desenho, mas essa é uma falha dele. Ele deveria ter desenhado a cena para nós. Ele escreveu a peça, e também escreveu todas as rubricas, então por que se omitiu de desenhar a cena e os figurinos? Se você se imiscui com as ferramentas de um comércio, é melhor dominá-las — e para um dramaturgo acrescentar indicações cênicas a sua peça escrita e se omitir de mostrar como aquelas indicações devem ser levadas a cabo, é muito mesquinho. Nos dramas grego e elisabetano você não encontrará indicações cênicas.

Pediram-me para encenar essa peça em Berlim, e a única coisa que eu podia fazer era esquecer de ler as rubricas do autor, de modo que me assegurasse de alcançar o significado da peça. E à medida que lia as palavras, me dava vontade de omiti-las também, pois a estrutura da cena me parecia excelente. Quando consegui tirar as palavras de minha cabeça, olhei para ver o que tinha sobrado da Primeira Cena e descobri ser ela uma grande ratoeira em que figuras corriam e debandavam para todos os lados como um monte de animais barulhentos, e uma única figura real destacada em uma máscara tragicômica — Ftatateeta. Portanto, você não verá em meu desenho nenhum outro indivíduo que possa reconhecer, e só a figura no centro concentra a atenção.

CÉSAR E CLEÓPATRA

ATO I — CENA 3

SE você tiver lido a peça, saberá que essa é a cena que culmina com César e Cleópatra sentados lado a lado no trono, e ela se volta para ele e lhe pede para apontar onde está César[16]. Eu ponho as barras em volta de tudo para manter fora a turba e os soldados, de modo que nós temos César e Cleópatra bem solitários na cena. E ainda há atores que dizem que eu nunca penso nos atores e atrizes protagonistas. Eles seriam mais precisos se dissessem que às vezes deixo meus olhos vagarem para longe do centro do palco. O que os atores parecem esquecer é isso, que as peças não são feitas inteiramente de atores e atrizes protagonistas, e que, ainda que você os tenha, como nesse caso, no centro, e muito no centro, há outras vezes em que é essencial para o drama que os atores e atrizes protagonistas estejam em um canto ou debaixo de um extintor de incêndio. Isso é o que atores "estrelas" não admitirão nunca. Chegarão os tempos em que eles estarão absolutamente extintos, quando parecerão ridículos, e não apenas ridículos, mas repulsivos e inspirando piedade; mas o ator ou atriz protagonista sempre quer ser admirado e centralizar. Ele quer ser amado o tempo todo, do primeiro ao último momento, mas

16 Na peça de Shaw, Cleópatra não está ciente da identidade de seu interlocutor. (N. da T.)

falha em alcançar o seu propósito exatamente porque esquece que amor não é uma coisa feita de um único sentimento, sendo necessariamente feita de todos os sentimentos. Portanto, o ator protagonista não é realmente amado no palco. Por exemplo, em *Macbeth* você nunca detesta realmente o homem, e ainda assim é necessário detestar Macbeth antes que você possa entendê-lo plenamente. Você nunca acha que ele é ridículo – tão ridículo a ponto de você sentir vergonha de estar ali sentado no seu assento; e, no entanto, se o ator fosse sério, ainda que apenas em seu próprio trabalho, deixando de lado o drama como um todo e prevenindo-se da verdade de que um ator não deve fazer apelos pessoais, se ele fosse sério assim, então certamente faria como eu digo e provocaria todos os sentimentos na plateia, tanto contra ele como a favor dele. Ele os possui desde o começo – e não tem medo de perdê-los. Muito bem, então. Jogue com eles. Arrisque tudo com eles. Sim, diz você, e esvazie o teatro deles. De jeito nenhum. Ao longo de todos os séculos passados, o teatro nunca foi capaz de ser esvaziado. A Igreja tentou esvaziar o teatro, o Estado tentou esvaziar o teatro, tudo foi tentado e tudo falhou. Por que, então, todo esse absurdo que as pessoas falam a respeito do perigo de dirigir um teatro de forma exitosa, e especialmente o perigo de ser um artista no teatro? Giovanni Grasso esvaziou o teatro? Tomaso Salvini, Irving, Talma, Andreini e Gherardi esvaziaram os teatros?

. . . .

Eu sinto muito não ter falado sobre este desenho, mas você vê que, no momento em que penso a cena, começo a pensar sobre o ator.

CÉSAR E CLEÓPATRA
ATO I — CENA 2

DE maneira nenhuma se parece com a Esfinge, como você provavelmente sabe, mas não é distinta da esfinge de Bernard Shaw. Como eu disse em outro livro, quando o diretor se põe a trabalhar para desenhar uma cena, ele age como intérprete, seguindo a liderança do poeta ou do dramaturgo; e essa imagem é um bom exemplo do que quero dizer. Eu conheço alguma coisa das esculturas do Egito, e isso eu sei – que elas são leves no tom, bem recortadas e tão delineadas na luz da lua como o são na luz do sol. Trata-se da mais nobre de todas as artes. Essas criações são tão nobres que eu nunca as traria para um palco como elas são. Como fantasmas nobres, eles deveriam ser invisíveis. Porém, aqui havia o problema de colocar em cena uma Esfinge Socialista e eu o suprimi em menos de trinta minutos. Em vez das linhas delineadas e precisas, virtuosas em cada uma delas, a Esfinge Socialista deve ser manchada, incansável, ameaçadora. Ela dificilmente estaria fora do seu palco tigre – alguém poderia quase escrever seu "palco palco-tigre."

Esse pequeno gato, que parece tão grande e intimidador no Primeiro Ato da peça, não estará fora de lugar rastejando para dentro e para fora das ranhuras desse monstro. Eu só tenho um pedido a fazer. Se você chegar a ir ao Egito, leve esse desenho com você e compare esse monstro com o deus nos pés das pirâmides. Então terei "satisfação garantida" – você nunca olhará para o meu desenho de novo – não, nem pensará em "César e Cleópatra".

DIDO E ENÉAS

ESTE foi desenhado para a ópera, seis anos após tê-la uma vez encenado. Refere-se à cena que precede a última das cenas, em que há um coro de marinheiros – "Vamos embora, caros marinheiros." Quando apresentei a ópera em 1900, com meu amigo Martin Shaw, eu tinha apenas um pano de fundo azul-marinho que tornou-se terrivelmente popular desde então. Luzes de cima, fixadas em uma "ponte" que construímos – um *proscenium* cinza, tal como muitos dos teatros alemães têm usado desde 1904 – um esquema de cor – muito pouco movimento. Esse mínimo movimento é uma característica do temperamento inglês e, sendo incompreendido por outras nações, é evitado por alemães, russos e franceses.

ATO III, CENA I

DESENHO PARA
O HALL DE ENTRADA
DE UM TEATRO

UM dia desses nós deveremos nos livrar da pátina dourada e do rococó, e das conveniências inconvenientes dos prédios do teatro moderno. Devemos antes, porém, argumentar sobre isso um bom tanto e ouvir um monte de absurdos sobre o que o público quer, e como quer só coisas estúpidas, coisas baratas e coisas desconfortáveis, e isso prosseguirá por um expressivo número de anos, mas devemos retornar para exatamente o que eu digo e o que muitos de nós sentem, e devemos ter nossos belos teatros, só que serão muito mais bonitos do que qualquer um de nós poderia imaginar. Mas é bem provável que esse desenho seja usado antes que se decida por um mais bonito. Aqui temos uma escada que leva do primeiro *hall* do teatro até um *foyer* aberto, e depois pelas portas traseiras para dentro do auditório. O desenho funcionaria bem tanto para um teatro ao ar livre como para um teatro fechado, e eu espero que as senhoras concordem comigo que eu o tornei possível para um bom número de pessoas lindamente vestidas, para serem vistas ao mesmo tempo. Eu posso imaginá-las subindo essas escadas, primeiro mostrando o lado esquerdo do vestido, depois a parte de trás e o lado direito, então poderiam girar, e poderíamos ver a parte frontal, e de novo a traseira, a esquerda, e daí

elas desapareceriam. E, à medida que subissem os degraus, elas seriam colocadas contra algo que seria só um pouco menos belo do que elas são, algumas estátuas douradas ou de mármore de algum mestre, e essas pequenas estátuas de ouro ou mármore marcariam os diferentes estágios da sua progressão enquanto subissem ou descessem, e finalmente aquela que desejasse parecer a mais bonita de todas se voltaria, chegando ao topo da escada, onde duas figuras formariam um arco, num desejado enquadramento da beleza. Senhoras, eu estou completamente a vosso serviço. Se apenas aquelas pessoas com milhares de libras, que não sabem o que fazer com elas, as pusessem a serviço da arte, nós teríamos o seu teatro pronto para uso em menos de um ano, e nesse teatro, antes que vocês entrassem no espetáculo, de onde talvez pudessem também extrair algum prazer, vocês seriam capazes de ensinar muitíssimo aos idiotas e esnobes, e àqueles que vão ao teatro para beber uísque e pisar nos dedos das pessoas, pois teriam um espaço de recepção em que poderiam mostrar, por sua graça, o que é ser a mais bela nação do mundo.

UM ESTUDO
PARA MOVIMENTO

PODE-SE entender que as pessoas têm alguma coisa a ver com o movimento e que a lua tem alguma coisa a ver com o movimento. O que os degraus têm a ver com o movimento, a não ser enquanto receptáculo de moventes, não é tão claro para mim em um dia quanto o é em outro dia, e aqui me sinto inclinado a falar exatamente contra esses degraus. O desenho tem, me parece, alguma sensação de movimento, mas quando chego a pensar no modo como algumas escolas de dança provavelmente podem atochar um grande lance de degraus duros no fundo de seus salões e fazer suas pobres meninas correrem para cima e para baixo neles, posando como as coisas terríveis de que nós queremos escapar, então amaldiçoo qualquer coisa tão material como degraus em conexão com movimento, e me arrependo de já ter, alguma vez, feito qualquer registro sugerindo uma conexão entre as duas coisas.

CUPIDO E PSIQUE

COMO posso falar sobre Cupido ou Psique? Só há um homem desde sempre que falou bem na língua inglesa sobre esses dois e isto é o que ele disse, e foi o que ele disse que fez este desenho:

> Em uma certa cidade, viveram um rei e uma rainha que tinham três filhas excessivamente bonitas. A beleza das duas mais velhas, embora agradável aos olhos, não ultrapassava ainda a medida da admiração humana, enquanto tal era a graça amorosa da mais nova que a fala dos homens era pobre demais para fazer jus àquele valor e não podia expressá-lo de modo nenhum. Muitos dos cidadãos e dos estrangeiros que se reuniram para admirá-la, movidos pela fama daquela excelsa visão, confundidos pela beleza inigualável, só conseguiam, ao vê-la, beijar as pontas dos dedos de suas mãos direitas, como se na adoração da própria deusa Vênus. E logo um rumor atravessou todo o país de que ela, nascida do azul profundo, contendo-se em sua divina dignidade, estava mesmo assim vivendo entre homens, ou que, por uma inédita germinação das estrelas, agora não era o mar, mas a terra, que tinha feito emergir uma nova Vênus, aquinhoada com a flor da virgindade.
>
> Essa crença, como a fama da amorosa noiva, espalhou-se diariamente para muito longe até terras distantes, a ponto de muita gente ter se reunido para mirar aquele glorioso modelo da época. Homens já não singravam para Pafos, para Cnido ou Citera para presenciar a deusa Vênus, suas trilhas sagradas eram negligenciadas, suas imagens permaneciam sem coroas, as cinzas frias eram deixadas para desfigurar seus altares abandonados. Era a uma virgem que as preces dos homens eram oferecidas.[17]

17 Gordon Craig cita aqui a tradução do ensaísta e crítico literário Walter Pater (1839-1894) para a história que se encontra em *O Asno de Ouro*, de Lúcio Apuleio. (N. da E.)

MACBETH E ROSMERSHOLM

ESTE desenho e o seguinte eu os comentarei juntos. Eles são para dois tipos bem opostos de drama, Shakespeare e Ibsen. O primeiro é para a cena do sonambulismo em *Macbeth* e o segundo para o quarto na *Casa de Rosmer*. O primeiro é para a alta tragédia clássica e o segundo, para o drama moderno doméstico. Em cada caso, a catástrofe atinge toda uma casa, as casas de Macbeth e Rosmer, e em cada caso o autor faz com que uma mulher seja a criadora ativa da catástrofe. Mas pode alguém me explicar como a grandeza de Ibsen, seu mistério e sua força são eclipsados pelo mistério e força maiores de Shakespeare? Julgado por comparação com qualquer autor moderno, Ibsen me parece ser um gigante e, então, julgado ao lado de Shakespeare, onde é que ele desaparece? Ele desaparece dentro de sua própria casinha e Shakespeare ainda está velejando livremente sobre as montanhas.

Qual é, então, a extraordinária diferença entre Shakespeare e Ibsen? Alguns séculos não podem ser a explicação. Eu entendo que isso ocorre porque Shakespeare era um artista e Ibsen não é – que Ibsen é um homem extraordinário, e um dos homens mais extraordinários do século XIX, que ele está resolvendo problemas que outras pessoas não podem ou não poderão resolver, que ele está propondo questões que nenhuma outra pessoa jamais propôs e que todo o tempo

ele permanece comparativamente alguém sem importância porque não é um artista. De certo modo, Ibsen parece apavorado por ser uma pessoa comum, ordinária, o que nós chamamos de simples. E sente-se isso quando se o compara a Shakespeare, uma coisa que as pessoas dizem que não deveríamos nunca fazer. Mas não estou tão certo disso; de fato, penso que tal comparação é muito necessária e muito boa. A não ser que você fixe um padrão para a literatura dramática e compare os dramas com esse padrão, o mundo aceitaria a décima ordem em vez da primeira. E a primeira ordem não é Shakespeare, mas Ésquilo. Ésquilo, porém, se recusa a entrar em um teatro fechado, com luz artificial, e se recusa a ser inteiramente compreensível a qualquer um senão aos gregos – aqueles gregos que estão mortos. Mas isso nós, ingleses, compreendemos muito bem: ocorre que nosso padrão mais alto de drama é aquela arte que mistura o literário e o teatral, dada a nós por Shakespeare como drama. Sentindo isso, suponho, ainda não ousei desenhar uma cena para Ésquilo, embora tenha lido sua trilogia, os céus sabem quantas vezes. Eles as encenam, hoje em dia, em teatros fechados, e se estrebucham e gesticulam e mesmo se arriscam foneticamente a dizer suas falas em grego. Por que não deixar o velho monumento em paz? Ele permanece lá desmoronando; melhor não tocá-lo, melhor construir por fora, tomando-o como um padrão.

UM PALÁCIO, UM CASEBRE E UMA ESCADARIA

EU ouso dizer que, ao olhar para este e vários dos outros desenhos, vocês podem imaginar que em sua forma original eles são cinza, mas não são. Por exemplo, este é um desenho em azul, amarelo, branco, vermelho e preto. Digo isso porque o cinza é bem depressivo, e deprimir não é meu desejo.

Eu fui perguntado sobre como deveria desenhar uma cena contendo sugestões sobre a moradia das classes altas e baixas, e também como colocar na cena um nicho neutro onde as duas classes sempre se encontram. Assim desenhei, de um lado, um palácio, cuja única coisa palaciana era sua forma vertical e severa e sua cor dourada, e, de outro lado, um casebre, com suas janelas pequenas e sombras, e seu gerânio na janela; e entre os dois vinha uma escadaria, como o nicho mágico onde o mundo todo encontra-se praticamente em harmonia. Não é pensado para nenhuma trama ou peça em particular, mas pode-se imaginar que, talvez algum dia, um escritor ou mesmo um encenador vá planejar uma série de dramas lidando com essas duas classes, em que as veremos separadas e, depois, continuamente unidas. Quem sabe possa fazê-la com o devido cuidado eu mesmo, isso se alguém despreocupadamente e de forma descuidada não aproveitar a ideia e, com um tapa nas costas, me disser jovialmente que sou fácil de ser roubado.

TELAS

O espetáculo possui, de fato, um apelo emocional por si próprio, mas, de todas as partes, é a menos artística e a menos conectada com a arte da poesia. Pois o poder da tragédia, podemos estar certos, é sentido mesmo sem representação e sem atores. Além disso, a produção de efeitos espetaculares depende mais da arte do maquinista da cena do que do poeta.

ARISTÓTELES, *Poética*, VI., I.I9.

AO ler isso, deve-se recordar que Aristóteles é um homem que abre o seu discurso afirmando que toda arte é Imitação. Isso, claro, é um exagero. É algo tão exagerado que se poderia dizer que a arte não tem nada a ver com Imitação. Assim como ele exagerou dessa maneira, do mesmo modo ele exagerou aqui quando falou sobre o espetáculo. É difícil dizer de Aristóteles que ele é um mau escritor, mas escritores que desejam ser considerados grandes devem ser cuidadosos para encontrar a palavra certa[18]. Aristóteles aqui deseja falar sobre a cena em que a tragédia ou drama é representado. Por que, então, ele usa a palavra "espetáculo"? Por que, então, ele também vai adiante e fala de efeitos espetaculares? Pois isso nos dá a ideia de que ele está falando sobre algo de senso comum e vulgar, quando sabemos que a cena pode ser bela, não apenas efetiva – bela. O que remanesce da cena de Taormina é belo. Eu suponho que Aristóteles esteja falando de alguma forma degenerada de espetáculo, mas por que ele escolhe um mau exemplo da arte cênica quando quer compará-la com a bela

---

18 Talvez seja aos tradutores de Aristóteles que se deva culpar.

arte poética? É possível que Aristóteles tivesse sido injusto? Ele quase estraga tudo. Se ele tivesse falado de espetáculo como um inimigo da arte da poesia, e da poesia como uma inimiga da arte do espetáculo, ele teria feito melhor, mas colocar a arte da poesia em um posto elevado e dizer que aquele camarada vulgar, o espetáculo, não tem nada a ver com uma personalidade tão eminente é tanto ridículo como um mau julgamento.

O que tudo isso tem a ver com a imagem aqui colocada eu não sei; mas, assim como deixei todas as figuras fora da cena, e como nada está acontecendo lá, assim como nenhuma palavra está sendo dita, suponho que pretendesse, ao ter removido o espetáculo ou a cena dos domínios da poesia, prevenir qualquer contaminação futura para a arte da poesia.

Eu recordo. Assim como eu estava esquecendo. Inimigos sempre te farão você esquecer os amigos por um momento.

Meu amigo W.B. Yeats diz que a cena não é, de modo algum, desconexa da arte da poesia. O que resta fazer pelo pobre palco, quando Aristóteles ameaça e Yeats acena favoravelmente? Houve jamais tal espetáculo como o que este pobre palco apresentou por séculos? Na verdade, passei por Londres e não encontrei nenhuma mulher tão pobre e tão rebaixada quanto ela está. E, por essa razão, eu pretendo fazer tudo o que puder para colocá-la acima de qualquer outra.

MACBETH
ATO I – CENA 6

Diante do castelo; oboés; criados de Macbeth esperando.
Entram Duncan, Malcolm, Donalbain, Banquo, Lennox,
Macduff, Ross, Angus e Assistentes.

DUNCAN: Esse castelo está em um sítio agradável;
    O ar oferece-se leve e doce aos nossos sentidos finos.
BANQUO: Essa convidada do verão,
    A andorinha moradora de templos o elege,
    Por seu abrigo amado, já que o hálito dos céus
    Cheira bem à madeira aqui: sem gárgula, friso,
    Saliência, nem torrinha a favor, mas esse pássaro,
    Que fez sua cama entranhada e ninho para as crias:
    Onde elas principalmente comem e habitam, observei
    Que o ar é delicado

Entra Lady Macbeth

DUNCAN: Vejam, vejam, nossa honorável anfitriã! –
    O amor que nos segue às vezes é nosso problema
    Que ainda nos é grato como amor. Sobre isso lhes ensino,
    Como lançar a Deus nosso perdão por não sanar vossa dor
    E nos tornar mais agradecidos por vosso problema.

LADY MACBETH: Todo nosso serviço,

    Em qualquer caso duas vezes feito e depois feito em dobro,

    Será coisa pobre e irrisória a sustentarmos

    Contra aquelas honras profundas e amplas

    Com que vossa majestade preenche nossa casa,

    E pelas mais antigas ou recentes honrarias

    Lançadas, por tantas só nos resta servir como ermitões.

DUNCAN: Onde está o Barão de Cawdor?

    Nós o perseguimos de perto e tínhamos a missão de ser

    Seus seguidores, mas ele cavalga bem,

    E seu grande amor (afiado como suas esporas) catapultou-o

    A sua casa antes de nós. Justa e nobre anfitriã,

    Nós somos vossos hóspedes essa noite.

LADY MACBETH: Servos seus sempre

    Tenha a nós próprios e ao que é nosso em conta,

    Para dispô-lo em favor do prazer de sua majestade,

    Inclusive porque o que recolhes já é mesmo seu.

DUNCAN: Dê-me sua mão,

    Conduza-me a meu anfitrião, nós o amamos intensamente,

    E devemos reafirmar nossas Graças diante dele.

    Tome a frente, anfitriã.

[Saem.

MACBETH
ATO II – CENA I

MACBETH: Vá chamar sua senhora, quando minha bebida estiver pronta,
Ela vai tocar o sino. Vai-te para a cama

(Sai a criada)

É uma adaga que vejo diante de mim,
O cabo voltado para minha mão? Venha, deixe-me segurar-te.
Eu não te tenho, e ainda assim te vejo.
Tu não és, visão fatal, sensível
Sentir é como ver? Ou tu não és mais que
Uma adaga da mente, uma criação falsa,
Advinda do cérebro oprimido pela febre?
Eu te vejo ainda, em uma forma tão palpável
Como esta que agora eu apanho.
Tu me arregimentas para o caminho que seguia;
E tal instrumento estava para usar.
Olhos meus são feitos de tolos pelos outros sentidos,
Ou valem mais que todo o resto; eu te vejo ainda;
E na tua lâmina e cabo odiosas gotas de sangue,
Que não estavam lá antes. – Não existe tal coisa:
É o negócio sangrento, que informa

Assim para os olhos meus. – Agora em metade do mundo
A natureza parece morta, e sonhos tenebrosos abusam
Da cortina do sono velado; a feitiçaria celebra
Pálidas oferendas a Hécate; e o fenecido assassino,
Alertado por seu sentinela, o lobo,
Cujo uivo é sua vigilância, e com seu passo sorrateiro,
E os avanços arrebatados de Tarquínio em direção ao alvo
Move-se como um fantasma. – Tu, firme e assentada terra,
Não ouça meus passos nem o modo como andam, por medo
Que tuas próprias pedras mexeriquem sobre minha andança,
E roubem este horror presente do aqui e agora,
Que bem combina com ele. Enquanto eu ameaço, ele vive,
Palavras ao calor dos feitos muito frio à respiração trazem.

(*Um sino soa*)

Eu vou e está decidido, o sino me convida.
Não o ouça, Duncan, pois é dobre funéreo,
Que te urge a ir para o céu ou para o inferno.

[*Sai.*

MACBETH

EM suas *Conversações Com Eckermann*[19], Goethe uma vez falou como segue:

Em geral, a cenografia deverá ser um fundo de cor favorável aos figurinos que se movem diante dele, como o cenário de Beuther, que sempre tende mais ou menos a uma cor pastel e deixa os materiais das roupas se destacarem em todo o seu frescor.

Se o pintor de cena é obrigado a buscar um tom indefinido e bem vívido, se é necessário que pinte um espaço vermelho ou amarelo ou uma tenda branca ou um jardim verde, os atores deverão, nesse caso, ter a precaução de evitar essas cores em seus figurinos. Se um ator com um casaco vermelho ou calças verdes atravessa um quarto vermelho, a parte superior de seu corpo desaparece, e apenas se vê suas pernas; se ele anda com o mesmo figurino em um jardim verde, são suas pernas que desaparecem – só a parte superior de seu corpo permanece. Eu vi um ator com um casaco branco e calças muito escuras que assim tinha uma metade sua desaparecida quando se colocava em frente a uma tenda branca ou contra um fundo escuro. E mesmo quando o pintor de cena representa um quarto vermelho ou amarelo, ou grama, ele deverá sempre manter

---

19 *Gespräche mit Goethe* (1836; segunda edição aumentada, 1848) é uma obra de Johann Peter Eckermann (1792-1854), na qual ele relembra as conversas que teve com Goethe ao longo da última década de vida do grande escritor alemão, de quem era secretário. Sua tradução resumida para o inglês, por Margaret Fuller, em 1838, teve grande sucesso, o que levou a novas traduções, e muitas distorções, a ponto de se inverter a ordem das coisas, alterando-se o título da obra para *Conversations with Eckermann* e atribuindo sua autoria a Goethe. (N. da E.)

suas tintas esmaecidas e aéreas, de maneira que os costumes possam harmonizar-se com elas e produzir seus efeitos.

Essa é uma lição, uma pequena aula de Goethe, e deveria ser apreendida inteiramente, e deveria ser testada no palco e seu efeito percebido. Obviamente, vê-se que é uma coisa sensata colocar um figurino branco contra um fundo escuro e um figurino escuro contra um fundo luminoso. Isso faz a figura sobressair, mas o que você deveria fazer quando quisesse que a figura se mesclasse à cena, se não sumisse nela? Macbeth, perambulando sem rumo em seu castelo durante a noite parece ser parte de sua habitação; e eu lembro que, quando [Henry] Irving encarnou o papel, ele estava vestido com um figurino quase da mesma cor das paredes. Ainda que Irving tenha agido contrário ao conselho de Goethe, Irving estava certo. Na verdade, existem muitos mestres com os quais você pode aprender, todos eles estando certos e todos eles se contradizendo entre si. Essa é uma lição para que não sejamos muito presunçosos, e a melhor coisa a se fiar em tal caso é no próprio instinto, garantindo-se, ao mesmo tempo, que você saiba tudo que pode ser sabido. O conhecimento não pode prejudicá-lo nem tornar seu instinto menos afiado. O conhecimento é o vero alimento para o instinto.

Eu gostaria que tivesse mais do que migalhas para oferecer a você nessa mesa, mas, no máximo, não posso achar uma cenografia muito melhor do que um pão seco.

ATO II

MACBETH
ATO I — CENA I

Um espaço aberto. Trovões e relâmpagos.
Entram três bruxas.

BRUXA 1: Quando devemos nós três nos encontrar de novo
Com trovões, relâmpagos ou no dilúvio?
BRUXA 2: Quando terminado o zum-zum-zum,
Quando perdida e vencida a batalha.
BRUXA 3: Isto será antes do pôr do sol.
BRUXA 1: Em que lugar?
BRUXA 2: Lá no pântano.
BRUXA 3: Ali para encontrar com Macbeth.
BRUXA 1: Eu irei, Graymalkin.
TODAS: Paddock chama; depressa! —
Belo é horror, e horror é belo
Sumidas no enevoado e fétido ar.

[Bruxas somem.

MACBETH
ATO I – CENA I

AINDA que este desenho e o precedente sejam para a mesma cena e sejam praticamente a mesma ideia, os dois diferem em algumas particularidades. Quando mostrei o desenho para um ator-administrador que deverá permanecer não nomeado[20], ele o olhou como se eu tivesse lhe mostrado um fantasma e me perguntou do que se tratava. Contei a ele que era para a Primeira Cena, Primeiro Ato de "Macbeth", e que três bruxas estariam no sopé do pilar, e assim por diante. Eu não disse a ele que o pilar vertical era para dar aos espectadores a mesma sensação no início da peça que Beethoven oferece aos ouvintes na abertura de sua *Sinfonia Eroica*. Pois ele queria algo mais objetivo e direto, e que logo se apresentasse. "Você se incomodaria de me contar", disse ele, "O que isto pretende representar?" Claro que uma pergunta tão cortês merece uma resposta cortês, então repliquei que minha razão plena para colocar o pilar ali era que deveria evocar a pedra em Scone na qual os reis da Escócia eram coroados[21]. "Muito interessante", respondeu ele. Agora, se eu

---

20 Para evitar mal-entendido, já que deverei ser suspeito de sempre querer evocar um certo celebrado ator-administrador, é melhor afirmar aqui que não estou aludindo a *sir* Herbert Beerbohm Tree.

21 A referida pedra situada na antiga localidade escocesa é chamada de *Stone of Destiny*, a "pedra do destino". (N. da E.)

tivesse sido incapaz de fornecer-lhe algum fato histórico para sustentar um desenho puramente imaginativo e fantástico, feito para uma cena puramente imaginativa e fantástica, ele teria ficado insatisfeito. Estou acostumado com esse tipo de coisa e por isso geralmente estou sempre a postos com uma réplica estúpida para uma pergunta estúpida. Mas um jovem de 21 anos teria tido uma sorte bem mais difícil se esse homem celebrado tivesse lhe implorado para dar rima e razão ao que nunca tinha tido a intenção de ter rima e razão. Para ser bem justo com esse ator administrador, devo dizer que ele não é o único. Existe um grande número de pessoas como ele, e cruzei com um deles em Berlim. Vocês podem ver o que ele me perguntou na página 92, quando estava encenando *Veneza Preservada* naquela cidade.

MACBETH

QUANDO exibi este desenho na Leicester Galleries, um jornal de teatro falou dele como "um desenho dedicado – ironicamente, eu presumo – a Alexandre Dumas *père*", e fiquei especulando por um ano inteiro como alguém podia ver ironia em minha dedicatória. Esta cena, ainda que possa ser descoberto algum palco capaz de sustentá-la – pois se você notar as proporções, verá que elas são imensas –, é muito mais de uma ilustração de livro. Novamente, em vez de ser para a alta tragédia, é para romance. Não é, na minha visão, satisfatória para Shakespeare, e eu pensei que era exatamente a coisa que Alexandre Dumas téria gostado. O sino está batendo e você o ouve soar. Os românticos do período de Dumas amavam tais coisas. A corneta de Hernani tem esse exato toque diferencial, não tão shakespeariano quanto romântico. O bater à porta, isto é shakespeariano.

MACBETH: De onde vem essa batida?
    O que acontece comigo que qualquer ruído me apavora?
    Que mãos são estas aqui! Ah! Elas arrancam meus olhos!
    Poderá todo oceano do grande Netuno lavar esse sangue
    Tirá-lo de minhas mãos? Não; mais provável minha mão
    Aos muitos mares tornar encarnados,
    Fazendo do verde – um único vermelho.

Entra de novo Lady Macbeth

LADY MACBETH: Minhas mãos estão da cor das tuas; mas me envergonho de

portar um coração tão branco. – (*Batendo*) Eu ouço uma batida

Na entrada Sul: – Vamos nos retirar para nosso quarto:

Um pouco de água nos limpará desse feito:

Quão fácil é isso, então! Sua firmeza

O deixou desatendido. – (*Batendo*) Escute! Mais batidas:

Vista seu camisolão, senão a ocasião nos flagrará,

Revelados como observadores: – não se perca

Tão amesquinhado em seus pensamentos.

MACBETH: A conhecer meu feito, foi melhor não me reconhecer.

[*Batendo.*

Acorde Duncan com tuas batidas! Eu o faria se pudesse!

[*Saem.*

ATO II

HAMLET

ESTA é a Segunda Cena, Primeiro Ato de *Hamlet*, como foi produzida por mim, com a assistência do sr. Stanislávski, no inverno de 1911, no Teatro de Arte de Moscou[22]. Você vê o palco dividido por uma barreira. De um lado está Hamlet, sentado, caído, como se estivesse em um sonho, do outro lado você vê o seu sonho. Você o vê como que por meio da imaginação de Hamlet. Aquilo que está atrás dele é como ouro derretido. É a corte do rei e da rainha da Dinamarca. É a grotesca caricatura de um tipo vil de realeza. O rei fala como se fosse um autômato; suas mandíbulas mordem as palavras, ele as grunhe para fora ferozmente. Se você for ler as palavras na peça, verá que elas são pura caricatura, e deveriam ser tratadas como tal. Não é uma coisa real – é uma visão. A barreira que divide Hamlet da corte é o que você verá, mas para ele esta parece ser como a mortalha sobre o túmulo de suas esperanças, entre as quais jaz o corpo de seu pai – assassinado.

REI: Ainda que a morte de nosso querido irmão em Hamlet
        Na memória esteja verde, e que isso nos constranja
        A manter nossos corações na dor, e nosso inteiro reino
        A comprometer-se em um ápice de pesares;
        Ainda que até aqui a discrição tenha lutado com a natureza

22 Algumas vezes chamado de "o Teatro da Gaivota".

ATO I, CENA 2

E que nós, com mais sábio sofrimento, pensemos nele,
Junto às nossas próprias recordações
Daí que nossa uma vez irmã, agora nossa rainha
A imperial viúva, herdeira[23] desse estado beligerante,
Tenhamos nós, como foi com uma alegria derrotada –
Com um auspicioso e gotejante olho,
Com mirto no funeral e com exéquias no casamento,
Em igual escala mensurando deleite e dolo –
Tomado para esposa, nem temos por isso barrado
Sua melhor sabedoria, que livremente se foi
Com esse assunto estendido. Por tudo, nossa gratidão.
Agora segue, que você sabe, o jovem Fortinbras,
Sustentando uma frágil suposição de nosso valor,
Ou pensando que pela morte de nosso querido irmão
Nosso estado estaria desunido e fora do esquadro,
Coligado com este sonho de sua vantagem -
Ele não hesitou em nos infestar com mensagens,
Fazendo lembrar a rendição daquelas terras
Perdidas por seu pai, com todos os liames da lei,
Para nosso mais valente irmão. Demais para ele.

23 No original, *jointress*, viúva que tem como dote o reino (viúva dotada).
(N. do E.)

HAMLET

LGUNS anos atrás foi feita a tentativa de empregar cortinas em lugar de cenário para o drama elisabetano. A ideia era boa – mas quando se chegou à questão seguinte de *como* empregar cortinas em lugar de cenários, os idealizadores desistiram; isto é, eles se debateram com "a sustentação de panos pendurados", com o resultado de que os críticos vieram para cima e lhes "arrancaram os narizes".

As ideias dos artistas dependem de, e sempre aparecem simultaneamente com, um método de consecução totalmente detalhado. As ideias do pensador não são tão inspiradas. A inspiração do artista pode falhar, ou pode murchar como a lua – mas, enquanto vive, é um poder inteiramente completo e perfeito. É por essa razão que atribuo essa ideia de usar cortinas aos pensadores e não aos artistas.

Quando comecei a observar detidamente a ideia, vi possibilidades quase infinitas nela e, por algum tempo, eu a desenvolvi até que começou a crescer e se tornar um estudo sério. Devo retornar a ele algum dia em minha escola e ver o quanto pode ou não constituir tudo que eu quero.

Esse desenho mostra cortinas de várias proporções e de grandes formatos. Talvez você não perceba isso de maneira muito clara. Mesmo assim, meu método para lidar com cortinas está tão bem definido no meu cérebro como a pintura de um retrato o está na mente de um pintor. Assim, se você pedir a um pintor para te mostrar em um esboço o que ele pretende fazer, ele fará algumas marcas aqui, um traço de cor ali, e o esquema está completo. "Não para mim", diz você. Mas o esquema não é para você – a pintura acabada é.

Bem, vocês deverão ter o trabalho finalizado quando eu tiver arrastado meus materiais das milhões de mãos que se agarram a eles como tentáculos. Vocês deverão ter o trabalho finalizado quando eu tiver forçado os tolos, que entravam cada um de nós, artistas, a perceber que eles se enganam ao rir diante do que não teriam nem mesmo o direito de louvar – de tentar e compreender mal o que não têm o poder nem mesmo de esquecer.

Nós e vocês – nós, os artistas; vocês, os homens e mulheres que trabalham –, nós fomos e ainda estamos sendo fraudados pelo mais amaldiçoado monstro que sempre encontra, por fim, seu caminho até o zoo. Seu pai é a preguiça, sua mãe é a soberba e ele controla Londres, Paris, Berlim e Nova York. Não tem sentidos, nem força, nem sangue, nem cérebro, ainda que tenha um monte de dinheiro – e com esse dinheiro finja força e sentido, e muitas mulheres e homens acalentem suas pretensões.

Eu coloco a mulher antes, pois as mulheres poderiam, mas não o farão, definir o destino dessa Minhoca.

Haverá uma única mulher na terra que, lendo isso, terá a coragem de se libertar da tirania do onipotente e potencialmente vulnerável dólar? Haverá *uma* mulher em toda a espécie feminina que possa e que porá seu poder no controle desse bizarro monstro de décima categoria?

"O ouro do Reno era uma coisa de verdade – não fábula." Assim disse uma mulher uma vez para mim. Assim sentem-se muitas mulheres hoje. Deixem que elas se lembrem que há outras coisas de verdade – e a mais verdadeira é que o mundo conta com elas como servidoras da

ATO II

causa da Beleza mais do que da causa dos votos; e assim elas têm em seu poder a capacidade para fazê-lo, destruindo a Feiura delinquente que é criada somente pelo mal direcionado poder do dinheiro[24].

Assim poderão dar nova vida ao mundo inteiro – para o mundo inteiro.

---

24 *Das Rheingold*, o "Ouro do Reno", é uma lenda nórdica do ciclo da Canção dos Nibelungos, segundo a qual havia um tesouro no fundo do rio, guardado por três náiades, as filhas do Reno, que daria o domínio do mundo àquele que o possuísse e com ele forjasse um anel, bastando para isso renunciar ao amor. A lenda serviu de base para a primeira das quatro óperas de *O Anel dos Nibelungos*, de Wagner. Já a "causa dos votos" é referência às sufragistas. (N. da E.)

TELAS

REVELANDO SUA DISPOSIÇÃO PARA O
ÚLTIMO ATO DE HAMLET

O FIM do livro e o começo de um novo capítulo de cenografia. Eu espero ver o dia em que o teatro se tornará novamente teatro. No momento finge ser teatro e, portanto, qualquer fingidor é bem-vindo dentro da cidadela de cartolina e só o fingimento é considerado genuíno. A conspiração toda é contra a arte, contra a verdade e a favor do fingimento.

Emoções são fingidas, macaqueadas, não transformadas pela mágica do artista em formatos e padrões firmes e belos – em poemas. Emoções são tomadas como são, refletidas em um espelho que é mantido no nível mais baixo – pois os braços estão cansados – e a esse reflexo chamamos arte. Esse reflexo é o mero fingimento da arte, e pior – é um fingimento e uma paródia da vida.

A vida tornou-se, sob o tipo moderno de tirania, uma coisa muito pequena, facilmente fingida – vestida e desvestida como um par de tênis.

E o teatro está registrando hoje para as futuras gerações, e para nossos netos e bisnetos, os fatos de nossas enfermidades – que nossa imaginação é estéril e nossas emoções, domesticadas; que nossas mãos são ineptas e nossas vozes, roucas.

Alguns consideram hoje que sua missão seja confortar nossa era, nos assegurando que tudo isso é como deveria ser, e que se a imaginação e as emoções de uma época são fracas, a arte dessa época deve fielmente narrar os fatos para eras futuras. Um estranho ponto de vista. Como se qualquer olho pudesse encontrar tempo para agarrar-se como um Narciso no precipício da destruição – cortejando a si próprio e suas nulidades; exultando no frívolo reflexo de uma realidade ainda mais frívola.

A imaginação e as emoções não existem para a imitação barata – elas existem para a criação. Quando a imaginação e as emoções podem, por meio da arte, criar a época, como poderiam rebaixar-se a imitá-la? A arte é inútil depois dos acontecimentos: ela deve antecipá-los. Quando elegemos um rei, penso que o fazemos com alguma arte. Quando celebramos sua coroação, estou certo que não usamos a arte de nenhum modo. Quando registramos a coroação, nossos jornalistas têm de encarar o tranco. Eles são enviados ao fronte para fabricar, por meio de emoções falsas e nenhuma imaginação, um registro verdadeiro de um evento que é tanto infantil como inadequado. Se a imaginação fosse enviada ao fronte, criaria antes de tudo uma cerimônia de coroação que inspiraria inclusive o próprio rei, e nossos registros depois do evento inspirariam o povo.

Quando construímos uma cidade, a arte não é incluída nela. Depois que a cidade está lá, alguns registros, fotográficos e caligráficos, são feitos dela. Esses registros não servem senão como motivo de chacota e como advertência a eras futuras, recordando a loucura de errar tanto no começo e sofrer dores infinitas quando já é muito tarde: recordando como, pelo medo, nos omitimos de encarar os fatos sobre as nações, cidades, populações, sobre nossas próprias vidas, porque parece tão custoso – nenhuma outra razão –, e como somos forçados no fim a pagar um preço mil vezes maior pelo que poderíamos ter tido se tivéssemos apenas confiado em nossa imaginação e em nossas emoções.

Que os homens do teatro realizarão isso se nenhum dos outros o fizer é minha esperança – e deixe-os lembrar disso: que sua arte, a arte do teatro, é talvez a única arte que ainda faz parte de nossas vidas e está não apenas profundamente enraizada no coração do povo – seu coração imaginativo, universal, é o coração do povo.

"Popular" é uma palavra que perdeu seu significado – e hoje implica em vulgaridade e nisso apenas. Mas estamos certos – não estamos? – que o verdadeiro sentido da palavra "popular" implica em um ideal.

Nós estamos certos disso. De outra forma, não teríamos desistido do jogo da vida, séculos atrás?

O ideal, o popular ideal do teatro, deveria ser recriar a vida em um verdadeiro espaço cênico, que poderia inspirar as pessoas a um novo esforço. A pregação nunca fez isso e nunca o fará. Só pela imaginação e por meio dos homens de imaginação pode tal iniciativa ser despertada nas pessoas.

As pessoas sabem... não é necessário mentir para elas; há menos razão ainda para gastar-se milhões em dinheiro mentindo para nós mesmos. Existem os jornais, grandes e poderosos, mentindo diariamente para eles mesmos. Eles dizem a si próprios que são poderosos e que estão governando as pessoas.

Eles estão sendo enganados pelas pessoas – deixem que saibam disso. Se as pessoas não gostam da tirania de nenhum tipo, como então poderiam ser enganadas a ponto de gostarem dessa nova tirania barata?

Só há um poder que comanda hoje, assim como sempre comandou no passado. É o poder imaginativo. É isso que eu chamo de realeza. O poder imaginativo sustenta tanto o rei como o povo, o rico e o pobre, no mesmo abraço – pois esses são suas crianças. Sustenta-os e os olha sem preferências – mas preconceituoso sempre em favor da beleza. Ele pune – perdoa; para ser exato, ele sempre perdoa – enquanto pune. É o único poder bom. Todo homem tem uma parcela dele – uma parcela igual – e algumas famílias o retiveram como algo mais precioso que o ouro e outras o venderam por uma sociedade numa mina. As famílias para quem ele é precioso ainda predominam e são mantidas juntas pelos laços mais fortes e duradouros que a natureza jamais fez ou fará. Longa vida a esse rei dos reis.

POSFÁCIO

A POPULARIZAÇÃO da feiura, a sustentação de falso testemunho contra a beleza – essas são as conquistas do teatro realístico. Eu desejo que estes meus desenhos se postem como minha proteção contra o teatro realístico e sua tendência anarquista.

O teatro realista moderno, esquecido de todas as leis da arte, se apresenta para refletir os tempos. Ele reflete uma pequena partícula dos tempos, puxa para trás uma cortina e expõe à nossa vista uma agitada caricatura do homem e de sua vida, uma figura grosseira em sua atitude e repulsiva de se olhar.

Isso não é verdade nem para a vida nem para a arte. Nunca foi o propósito da arte refletir e tornar mais feia a feiura das coisas, mas transformar e fazer o já belo ainda mais belo e, seguindo essa disposição, a arte nos protege com sua doce influência dos sofrimentos escuros de nossa fraqueza.

O teatro realista moderno ajuda a despertar nas pessoas aquela inquietação que é inimiga de todas as coisas.

A tarefa do teatro (tanto como arte quanto como instituição) é despertar mais calma e mais sabedoria na humanidade pela inspiração exalando de sua beleza.

Realismo fotográfico e fonográfico ofende as mentes das pessoas. Eles entucham nelas uma representação grotesca e inadequada da vida externa e visível – com a essência divina – o espírito – a beleza da vida, deixada de fora.

É desimportante para que assunto o artista se volta – seu prazer é iluminar tudo que ele toca de modo que possa luzir brilhantemente. Um olhar momentâneo para as obras dos mestres vai reforçar a verdade de tal declaração.

Mas esse teatro realista moderno não liga para os mestres, mesmo que esteja ciente da existência de suas obras.

O realismo contém as sementes da revolta e, contudo, por mais que o coração do homem possa se inclinar com piedade em direção daqueles cujo destino parece seguir incessantemente, o artista não deve nunca emprestar sua arte, com seu terrível poder de atração, à destruição do justo equilíbrio que é o objetivo da humanidade criar e preservar. Pois não existe veneno mais rápido do que aquele que se alimenta na mente – essa falsa testemunha a que o realismo – esse traidor para a imaginação – essa idolatria da feiura a que o teatro realista nos compele.

A coisa apareceu primeiro em Paris, mas só depois de 1789! Por um tempo floresceu, mas ao passo que excitou a turba revoltou o inteligente.

Então passou à Rússia, à Alemanha, a Portugal e outros inquietos lugares.

Nem na Inglaterra nem na América, tampouco ainda na Irlanda arriscou-se – nessas terras o teatro frequentemente vinga com suas vulgaridades sem a ajuda do realismo.

Ousado e perigoso – é uma revolta contra as próprias leis da arte do teatro.

Ousado, porque é uma ameaça contra a vida bem-ordenada do cidadão. Cada sussurro de revolta encontra um eco no teatro do realismo – as expressões sombrias, os movimentos arrastados – a estranha atmosfera de balbucios – todas essas coisas se juntam para formar uma impressão sinistra.

Alas! Tudo isso é falso e desmerecedor do teatro, tanto como uma instituição do reino quanto como uma arte.

Com a liberdade do teatro – livre para selecionar o que deve mostrar – livre da tutoria de outras artes no que diz respeito a *como* deveria mostrar – vem uma nova esperança.

Somente pela liberdade pode sua saúde ser restaurada.

CENA

POR

EDWARD GORDON CRAIG

TRADUZIDO A PARTIR DA PRIMEIRA EDIÇÃO ORIGINAL EM INGLÊS, LONDRES:

HUMPHREY MILFORD/OXFORD UNIVERSITY PRESS

MCMXXIII

CENA

A arte não emprega seus materiais para disfarçar pensamentos, mas para expressá-los.

(1) ❡ Com as palavras já tendo perdido um tanto de seu significado – seis diferentes palavras geralmente significando a mesma coisa –, é apenas natural que esse mundo tenha vindo a aceitar como verdade o dito que se propagou por volta do século XVIII e que Voltaire poliu na forma "ils n'emploient les paroles que pour déguiser leurs pensées"[1].

O mundo não podia ajudar com isso – a fala sempre foi uma coisinha tão graciosa e fácil – e mesmo bebês a usam direto para mentir... e uma palavra é acreditada.

Mas nem bebês nem homens sábios podem mentir tão facilmente ou graciosamente com gestos. O animalzinho pode ter dominado isso sutilmente há muito tempo... a natureza é sempre um gozo e uma surpresa... mas o homem ainda não.

Para o homem, as primeiras e mais fáceis palavras vêm para se mentir com elas. De modo que agora, no século XX, quase todo discurso é uma mentira. Eu não iria tão longe a ponto de, rindo, admitir que discursos desse tipo eram uma arte. Eu deveria, ao contrário, chamar isso de uma confusão.

---

1 Em francês no original, "eles não utilizam as palavras senão para disfarçar seus pensamentos". (N. da T.)

Antes, apenas uma coisa natural – tornou-se uma arte; mas quando excedeu seu termo natural de vida, tendo silenciado – faces rubras de esforço – a prata da fala raspada, chegamos então ao chumbo por debaixo e, dentro dele... mentiras.

*   *   *

Assim que, agora, quando tudo sobre o que desejo dizer algo a respeito remete àquelas coisas que nós colocamos no palco de um teatro, para sustentar-se como o *Lugar*[2] em que se supõe que um drama esteja acontecendo, me vejo apanhado pela ausência da palavra certa para descrever isso, a ponto de que alguém pudesse vir a entender, sobretudo, o que eu não quereria dizer.

Se eu uso uma de várias palavras, três de vocês me tomarão como significando uma certa coisa; e três de vocês, outra; e três mais... mas eu já me entusiasmo – certamente nove não lerão este livro.

Por enquanto, infelizmente, pode ser verdade que escrevemos e falamos palavras meramente para disfarçar nossos pensamentos – nós ainda as lemos precisamente pela outra razão, que é a de aprender com as coisas que não vimos, de ouvir coisas que não ouvimos daqueles que as ouviram e as viram.

Eis por que nós lemos, a não ser que sejamos homenzinhos engraçados, escaldados muito cedo – chorando precocemente; homenzinhos velhos – desejando ser senhores de seus arredores – de si próprios – da lida – da natureza – incapazes de ser qualquer dessas coisas, mas, oh, quão persuadidos (pois aquele ar

---

2 "Um lugar bom", me disse um querido e velho amigo quando olhava o modelo de cena que deverei descrever mais tarde – e eu sempre pensei que essa era a melhor palavra para usar – muito melhor que cena – é um lugar, se parece real – é uma cena, se parece falsa.

envelhecido diz isso tão claramente quanto um estridente apito de trem, "nós estamos atravessando um túnel") ...persuadidos de que toda a vida não é senão cinzas... o homem, uma mula ou um suíno; a mulher, um gato ou uma galinha; e a primeira lei dominante da natureza humana, o desejo de comer.

Mas seis homens e mulheres, digamos três de cada, lerão o que estou escrevendo agora e ouvirão algo que não está disfarçado. Assim, para esses seis eu tentarei. Mas, então, eles devem estar contentes – é apenas um pequeno problema sobre o qual devemos falar – o problema maior resta nos desenhos... e eles devem falar por si, pois não falarei sobre eles.

*　　*　　*

(2) ¶ *O lugar* em que se supõe que um drama esteja acontecendo diante dos seus olhos deve ser Atenas 100 a.C., ou uma rua em Atenas 400 a.C., Roma 100 d.C. ou um quarto em Roma 456 d.C.; pode ser Roma hoje, 1922.

Ou pode ser a cabine de um barco no mar – no porto – um canal em Veneza – um bosque em Yorkshire; ou pode ser o escritório de um editor – ou uma igreja em Oxford – uma casa nas colinas ao longo do Yang-Tsé-Kiang, uma floresta de ciprestes em Pisa – algum quarto na rue de Bagnolet em 1752... ou milhares de milhares de lugares diferentes!

Pode ser qualquer lugar conhecido por vocês ou por mim ou de que se ouviu falar: pode ser mesmo um daqueles lugares da terra – como, por exemplo, no *Fausto* de Goethe, no *Manfred* de Byron, em *A Tempestade* de Shakespeare. Pode ser uma favela – um palácio – ou céu e inferno – ainda que aqui, claro, nós devamos ser bem cuidadosos para não ofender os céticos.

¶ E nós demos um nome a esse lugar – e aqui começa o problema: pois parece que um nome não era suficiente, e portanto nós demos a ele diversos nomes – e a confusão depôs uma outra coroa no túmulo da ordem. A confusão está sempre depondo essas coroas – que espectro... com gestos irônicos e sorriso... quase como a própria morte.

Nós chamamos a esse lugar de cena – cenário – decoração – decorações.

Todas essas palavras parecem para mim, e talvez para você, discutíveis.

Essa confusão emerge porque pessoas diferentes têm diferentes noções do que seja drama e quereriam uma mudança.

Nós temos que olhar para essas mudanças por um momento: isso deve ser dito rapidamente, já que é um argumento para uma velha peça.

O ARGUMENTO

Primeiro Drama. Clássico (grego ou romano). O pagão.

    Um lugar – um tempo – uma ação

    (unidade de *lugar*, tempo e ação – não de *cena*, tempo e ação.)

Ar livre: teatros vastos: O mesmo drama é para o povo e para poucos. É sagrado e profano – tragédia ou comédia – drama não "confortável".

Dança – canção – fala – máscaras – arquitetura combinam nesse drama. Grandemente planejado – deliberado.

A linguagem usada é aquela que pode ser compreendida por todos no teatro.

Ela ultrapassa todo o mundo conhecido.

Segundo Drama. O medieval. O cristão.

    Unidade de lugar, tempo e ação desaparece.

Esse drama geralmente é apresentado em igrejas.

Sagrado e profano vindo a se misturar.

Ainda drama não "confortável".

Os mesmos elementos – dança – canção – fala – máscaras e arquitetura combinam-se nesse drama. Grandemente planejado – deliberado.

A linguagem utilizada é aquela que não pode ser compreendida pelas massas deseducadas que turbilhonam no espaço construído. Ele domina a Europa.

Terceiro Drama. Italiano. A *Commedia dell'Arte.* Acreditando em todas as coisas.

As unidades de lugar, tempo e ação retornam e são revalorizadas.

Esse drama é desempenhado nas ruas.

É profano – comédia grotesca.

Ainda, drama não "confortável".

Os mesmos elementos comparecem para fazê-lo – mas todos eles são dimensionados espontaneamente – nada deliberado – pouco planejado – improvisação.

O uso da linguagem das pessoas comuns.

Se espalha como fogo pela Europa.

Quarto Drama. _____? Sem crença nenhuma.

O Terceiro Drama se torna fixo – assentando-se – tornando--se confortável.

Os mesmos elementos como antes, exceto a arquitetura – cenas pintadas em vez dela.

Interiores.

Luz artificial pela primeira vez.

(3) ❡ E com a mudança do drama veio a mudança da cena. A mudança no drama veio em razão do clima.

O drama vai para os espaços internos na estação fria – e tão impaciente era o homem de estar sempre se entretendo mesmo na estação errada que não podia esperar pela chegada da estação quente. O erro não era um erro artístico – era ligado a um mal governo.

❡ Drama, eles dizem – e isso é facilmente tornado crível –, emerge de alguns saltos e risos durante os meses brilhantes do ano sulista.

É tornado crível porque há certo sentido em um êxtase em tal tempo, ao ar livre, e um desejo de se fazer algo, cantar e dançar algo, diante dos deuses a quem, à época, eles atribuíam todas essas aquecidas formas de bênção, corações alegres – amigos queridos – vitória sobre os inimigos – a água!... a água!... o sol e o céu e as noites cálidas... o vinho!... o milho... e abundância.

Nunca ocorreu a esses homens livres, nossos pais, de se sentarem egoisticamente escrevendo suas memórias para explicar a um público que o milho, o vinho, a água e tudo mais eram meramente o resultado de suas próprias antevisões particulares e energia – para eles era um deus ou dois que haviam feito isso tudo – rezar, então, e rir diante dos deuses.

(Agora pensem por um momento em Strindberg – em Becque – em Shaw ou em qualquer outro moderno! Será que eles são ou não são um avanço frente ao homem mais antigo?)

Eles *esperam* das pessoas: discutindo com elas – dando tapinhas nas costas – dramaturgos confraternizando, mas nossos pais fundadores conduzem as pessoas.

Assim, então, a cena desses primeiros dramas era encenada ao ar livre.

Feita daquela matéria firme que, sozinha, é capaz de competir vitoriosamente com o sol, o vento, a chuva, e contra o tempo... a pedra.

¶ O teatro inteiro era feito de pedra – *o teatro inteiro era a cena.* Uma parte dele abrigava espectadores; a outra, atores; mas tudo isso era cena – o lugar para o drama[3].

---

3 "Uma cidade grega dificilmente seria tão pequena ou longínqua a ponto de não ter seu próprio teatro e festival dramático." Cf. Roy Caston ▶

A divisão entre ator e espectador não era para ser forçada – era para ser observada mutuamente – silenciosamente.

Não havia cortina: o lugar chamado *skene* (cena) era o lugar mais distante dos espectadores – e esse era o pano de fundo de todo o lugar ou teatro.

Os atores não escorregavam para dentro e para fora ao longo dessa parede, como se fossem achatados e em seus próprios e inimitáveis vasos; eles não vinham como um rato branco em um quarto silencioso, sem ser visto, sem ser ouvido; eles vinham e iam diretamente aos espectadores – ao centro mais íntimo deles – próximos deles – cantando – saltando – planando – constatando as três dimensões do lugar.

¶ Sua *skene* era então, antes de tudo, cena, e (eu penso) pela última vez na história do mundo.

– sem cenário – sem decoração. Pedra, branca – vermelha – amarela – marrom – preta – azul – verde... quem sabe qual cor[4]; pois a cor não poderia ter sido esquecida pelos gregos: mas não era a cor trazida para dentro pelo braseiro, trazida para dentro por algum pintor de estúdio desempregado, pois os pintores gregos

---

▷ Flickinger, *The Greek Theater and its Drama*, Chicago: The University of Chicago Press, 1918.

4 Você já viu as paredes da Catedral de São Marcos em Veneza? Sessenta passos distante delas, elas aparecem como se suspensas com sedas suaves dependuradas e com *design* elaborado.

Perto delas se vê que são blocos lisos de pedra – mas *que* pedras – quão selecionadas – quão bem cortadas – quão ajustadas.

O milagre é o estilo, não a pedra.

Geralmente, e eu não duvido, ainda mais maravilhoso era o *jeito* dos gregos de quem Veneza aprendeu tudo.

eram sempre empregados na Grécia, sempre em seu lugar… fora do teatro.

¶ Sua cena era então uma coisa genuína. Um trabalho de arquitetura. Inalterável, exceto por peças triviais aqui e ali, exceto pela mudança duradoura que passava de manhã a manhã pela sua face, como o sol e a lua passavam.

Seu drama era triunfante… sem contorções, atravessava triunfantemente.

(4) ¶ A cena seguinte que aparece na Europa é também uma cena arquitetônica – pois o drama seguinte era também um drama religioso e, sendo jovens no coração àquele tempo, nós, europeus, tínhamos aquele velho entusiasmo para fazer as coisas apropriadamente.

Essa velha noção de fazer as coisas da forma correta parece ter sempre nos dominado até termos alguém ou algo fora de nós mesmos por quem fazer isso.

Um deus – essa era uma realidade pela qual nós poderíamos perder a autoconsciência – atirando nossos egoísmos para fora de nós, e estaríamos em forma para fazer algo que valesse a pena.

Esse estar em forma me parece ser o único estado em que a grande arte pode realmente ser alcançada por um homem ou por uma nação. Muito se fala hoje sobre arte comunal! Muito boa e muito possível – mas não enquanto vocês, comunistas, permanecerem autoconscientes – e estiverem em maior amor consigo mesmos do que eu estou. Mas vocês sabem que… Não preciso rezar.

¶ Essa segunda cena arquitetônica que apareceu na Europa foi a Igreja.

Era não apenas uma plataforma elevada – uma cena – no fim de uma igreja: era toda a igreja.

Essa igreja era teatro e palco. Lugar para espectadores e para atores, e ambos espectadores e atores unidos como devotos – alegres – excitados – transbordando de gratidão por algo fora deles mesmos.

Por que ir à igreja – por que testemunhar um drama, seja ele trágico ou alegre, se não for para você ir na velocidade de crianças vindo correndo para beijar?

Eu não vou mais à igreja nem ao teatro, onde tais excitações estão ausentes.

E ainda vou às igrejas e aos teatros.

¶ Nesse teatro-igreja que nós, europeus, fizemos com propósitos de gratidão, tudo era bem esplêndido – bem custoso, joias, prata e ouro… um banquete disso: música … um mar disso; problemático, mas ainda triunfante. O latim é falado… ninguém entende, exceto alguns poucos. Tudo era genuíno – ainda genuíno – incandescendo com a realidade. Tudo ainda está bem com o drama e a cena[5].

---

5 Eu não vou mencionar os teatros e cenas desnecessários dessa época que eram concebidos em desespero – um desespero desnecessário que brotava de alguma obstinação fatal, de alguma revolta. Esses palcos de moralidades e "mistérios" ocorriam fora das igrejas – e fora de lugar. O trabalho feito neles, um tipo de trabalho infantil – a fala vulgar uivada ou balbuciada quando o belo latim cantado ou tinha sido recitado ou tinha sido rejeitado por alguns revolucionários em uma igreja não perfeita, mas uma igreja muito mais perfeita do que eles jamais encontrariam de novo… um palco, cena e drama muito mais perfeitos.

O senhor E.K. Chambers, cujo primeiro capítulo em seu segundo volume de *The Medieval Stage* nunca deixou de mexer comigo, por mais rasa que fosse a história, nos conta claramente como esse alegre e solene drama – palco e cena – aparecia. Desde 1903, quando seu livro surgiu pela primeira vez na

(5) ¶ A terceira cena que apareceu na Europa era genuína também.

Era a parede lisa de uma rua ou a parede de um porão – o salão de uma prefeitura, uma fachada lateral ou o muro de um palácio.

Tudo ainda está bem conosco. Ainda não é revolução – é um começo. Nós renunciamos um pouco – mas vislumbramos outras oportunidades que se abriram para nós.

Os tons *difíceis* – movimentos – aspectos que tinham forçado uma entrada em nosso drama, tornaram-se, no seu último desenvolvimento, uma pressão sobre nossos nervos. Estávamos crescentemente suscetíveis e preocupados também. Não esquecemos as triunfantes *Tollite portas*[6]. Porém, tremíamos porque... ousamos dizer isso... a face sangrenta e o corpo rasgado do Filho era demais –- um excesso dessas faces e corpos eram trazidos à nossa visão – todos os corpos rasgados, todas as bocas de esgares – todo sofrimento e dor – tudo – e o incenso nos sufocava, ...a chama estava descendo em nossa direção.

Nós sairemos – tentamos encontrar a porta – nós saímos – nos vemos fora – ar fresco – "Graças a Deus".

E por algum tempo fazemos tudo, completamente, sem a velha peça trágica: não se preocupe com isso, deixe-a ser esquecida... era tudo muito terrível para lembrar... ela foi feita de modo a ser terrível de assistir. Nada mais – a coisa mesma, antes tão severa e

---

Inglaterra, eu lhe tenho um débito de gratidão que pago de volta retornando continuamente, pelo menos três ou quatro vezes ao dia, ao seu livro e o lendo. É o melhor trabalho em inglês sobre esse tema que existe hoje.

6 Canção pré-natalina entoada em latim nas igrejas. *Tollite portas* ("Abram seus portões", referindo-se tanto aos portais terrenos como aos do reino dos céus). (N. da T.)

nobre e tratada tão severamente nos impactava – mas a banalidade contaminou o modo de fazê-la... adeus.

¶ E agora sentado ao sol em nossa porta vemos pelo caminho contra o muro cinza amarelado três estranhas figuras – sombreamos nossos olhos forçando a vista contra elas. Não se parecem elas um pouco com...... não, essa foi só uma suspeita terrível, para ser esquecida... vamos entrar.

No dia seguinte, o mesmo – e gargalhadas também e pessoas assistindo também – e rindo. Eu saio. Eu me aproximo. As mesmas três estranhas figuras saltando e gesticulando... não realmente, de modo nenhum, como aquelas imagens com faces torcidas e joelhos quebrados – e agora que estou mais próximo ainda, vejo quão absurda minha noção era... elas estão rindo o tempo todo. A miséria e a agonia não riem: ... somente os vitoriosos riem – até que eu dormisse, eu ainda parecia ver a imagem de um mártir atormentado.

¶ Esses são os novos atores – nós, os novos, quase aterrorizados, extasiados espectadores – nosso teatro, as ruas – nossos assentos... nossos próprios calcanhares ou uma pedra.

Nascia a *Commedia dell'Arte*.

(6) ¶ A quarta cena.

"Parece que precisamos fazer alguma coisa", gritou o duque, percebendo uma tarde a sua principal praça abarrotada com todos os seus servos, seus amigos, sua família, "e nada onde se pudesse colocar o traseiro" – e todos assistindo a cinco grande atores encenando em uma plataforma vazia... "nós realmente precisamos fazer alguma coisa"; e ele forneceu os assentos no dia seguinte. E logo surgiu a quarta cena em um palco ajeitado com um telhado sobre ele e toda sorte de maquinaria e toda proteção possível destinada a Donna Bianca della Bella.

E custou ao duque todo seu tempo livre... e alguns milhões de ducados... o que disso: deve ser bem-feito, disse ele", ou deixado para lá. Muito altivo!

❡ Esse quarto espaço cênico com sua cena era o reconhecimento feito pela aristocracia da existência de grandes atores – e era um presente para as pessoas.

Uma cena mais magnificente seria inconcebível. Não nobre como a cena grega, não proibitiva como a cena da igreja se tornou, não tragicômica como a cena de rua dos comediantes grotescos em andrajos: era uma improvisação positiva, deliberada, brilhante e cheia de erros. Todos os arquitetos, pintores, poetas e engenheiros foram chamados pelo duque, de todas as partes da Itália, a participarem – e se morassem na França como Henrique IV, então de fora da Itália; se como Felipe, na Espanha, então na Espanha.

Não demorou, depois que o primeiro duque agiu como um duque, para que seis ou sete outros aderissem; depois um cardeal, um rei ou dois, depois um imperador. Foi se espalhando essa ideia de fazer coisas como um duque, como um rei, até que todas as cortes possuíssem um, dois ou, algumas vezes, quatro teatros. Como em Parma, em 1680, quando o duque Farnese tinha dois teatros em seu palácio, dois em seu jardim e dois na cidade, e entre 20 e 25 de maio havia espetáculos em quatro deles[7].

---

7 De 20 a 25 de maio, o duque Ranuccio II apresentou quatro óperas na escala mais luxuosa experimentada naquela época. Uma, *Il favore degli dei*, foi apresentada à noite no palco do Teatro Farnese no palácio. Esse teatro ▶

Por mais duvidoso que pareça, se essa quarta cena era mesmo tão altiva, você só precisa visitar Parma para se satisfazer. Está quase tudo lá como era. Você só tem que mirar os trabalhos de Serlio, Palladio, Arnaldi, Sirigatti e de seus seguidores, para encontrar as partes faltantes.

A Itália nos deu o terceiro e o quarto espaços cênicos e suas cenas.

Não mais a ideia de durabilidade era priorizada pelos seus inventores. A exigência era por *mudança*, e a mudança foi fornecida.

Mudança de lugar e, consequentemente, mudança de cena. Mudança de tempo também...

Traga o mar aos nossos palcos... o mundo... as estrelas e os ventos...

Agora mude – rápido – o mundo ínfero...

Agora – a morada dos deuses ...

Agora o palácio de Xuxiemes, imperador de Troia...

Agora a nascente do rio Tibre...

E não mais tudo parecia acontecer em um dia ou em quatro horas. Transcorrer em seis dias ou mais; deixe um ano de lapso entre as cenas (Shakespeare).

¶ Essa quarta cena era, em geral, construída em madeira. Algumas vezes as paredes externas dos prédios seriam de pedras sólidas ou

> ▷ abrigava 4.500 espectadores e existe ainda hoje. A segunda ópera foi apresentada de dia em um palco construído sobre um grande reservatório de água chamado "la Grande Peschiera". Os espectadores sentavam em um teatro especialmente construído – dez mil estiveram presentes – e *La gloria d'amore* foi apresentada. As outras duas óperas eram *L'età dell'oro* e *L'idea di tutte le perfezioni* – essas apresentadas no Teatrino Farnese. Esse pequeno teatro abrigava dois mil espectadores.

tijolos, mas dentro tudo geralmente era de madeira – de telas – de materiais destrutíveis. Mas tão tenaz pode ser uma velha virtude que os homens daqueles dias não puderam evitar de fazer suas frágeis coisas muito mais fortes e duráveis que as nossas melhores tentativas jamais conseguiram.

Claro que o palco e a cena shakespeariana são únicos – não relacionados a esse quarto espaço cênico ou a sua cena. A casa de espetáculos elisabetana era o trabalho de um construtor muito prático – muito detalhista. Não houve tempo nem oportunidade para arquitetos ingleses se voltarem ao problema de desenhar um teatro como na Itália, e assim Shakespeare, chegando com toda sua intempestividade, não encontrou um teatro real tal como nós teríamos gostado de preparar para ele, se ele simplesmente nos tivesse dado uma breve notícia.

Se um arquiteto inglês tivesse voltado sua atenção a esse trabalho durante a vida de Shakespeare, ou logo depois de sua morte, provavelmente teríamos agora alguns edifícios tão nobres como aqueles construídos na Itália por Palladio, Alliotti e Sacamozzi, e um prédio que teria sido um guia agora para nós sobre como Shakespeare gostaria de ver suas peças encenadas[8]. Pois havia John Thynne e havia John Shute, vivos – qualquer um deles era capaz, poder-se-ia imaginar, de conceber ou levar a cabo a construção

---

8 É curioso imaginar o que Craig diria da vitoriosa reconstrução do Globe Theatre de Londres, que desde 1995 vem revivendo as peças de Shakespeare em um espaço que reproduz exatamente as condições espaciais e arquitetônicas daquele teatro elisabetano. À sua época, era impensável tal reconstrução, mas, talvez, ele teria preferido, se houvesse essa alternativa, que lhe tivessem oferecido, em Londres, um espaço e as condições para desenvolver o seu projeto Scene. (N. da T.)

de um teatro – ou, se esses falhassem, Robert Adams ou John Smithson: Inigo Jone também. Nós tínhamos os arquitetos, mas entregamos o trabalho a construtores que nos fizeram uma excelente, mas não inesquecível, construção em madeira, algo como um pátio interno ou uma arena de ursos – de modo nenhum inadequada, mas também de modo nenhum à altura da peculiaridade de um drama único, de que nós tínhamos acabado de tomar posse.

"Uma autoridade pública abrigada de forma mesquinha pode ser mesquinhamente estimada", disse nossa soberana mais tarde, quando falava sobre o tema da arquitetura e de suas relações com a vida cívica, e o drama de Shakespeare veio a ser menos ainda que mesquinhamente estimado hoje pelo – público.

Sem dúvida, a mente simples e boa do *scholar* pode encontrar no barraco de lama do homem primitivo uma habitação melhor para o homem de pensamentos nobres do que em um palácio construído com os mais preciosos materiais por um Bramante ou um Palladio.

Possivelmente esses palácios da Itália e os templos hindus, o Parthenon e o Teatro de Dionísio não sejam simples o suficiente para as grandes mentes.

De fato, seria uma delícia encontrar algum mestre inglês concebendo um edifício ainda mais simples e mais nobre para o drama shakespeariano.

Em Durham, Lincoln e Canterbury, nossos arquitetos criaram altares para nossos livros sagrados – mas para nosso livro humano nenhuma casa digna foi criada.

Aqueles que leem esse livro deveriam ser capazes de decidir exatamente que tipo de casa ele pede – mas ler *Lear* e *A Tempestade* e ainda se envergonhar disso é uma pena.

Talvez se ouvíssemos mais isso, encontraríamos as medidas certas, conceberíamos a proporção adequada e criar uma forma que, para sempre, pudesse desafiar comparativamente as mais nobres.

Eu não sei – só posso dizer que não é possível falar da insignificância do espaço cênico e da cena feita no século XVI para nosso grande inglês, e devo ser desculpado se meu amor fiel e reverencial pelo nosso drama inglês me torna preconceituoso em seu favor a ponto de demandar para ele o melhor teatro da Europa – e me recusar a aceitar algo provisório.

E dentro dessa quarta cena do século XVI a perspectiva entrou em cena. A *perspectiva* foi descoberta tardiamente na Itália[9] por Ucello, por volta de 1450, ou pelo seu mestre ou pelo mestre do seu mestre. Descoberta ou não nessa data, tornou-se, em 1500-1550, um truque muito usado e apreciado no palco... novo para muitos, pois só percebido por eles agora, pela primeira vez.

Fazedores de cena serviram-se da perspectiva na medida em que ela se prestou a que tivessem um bom jogo, e utilizaram-na a torto e a direito, e mantiveram esse jogo até quase ontem.

Agora, o que a fez tão popular? O que nos preveniu a todos dos apupos? Foi o sereníssimo duque.

Em todos os teatros construídos naqueles dias havia sempre um lugar (e apenas um) de onde todas as perspectivas cênicas pareciam razoáveis – perfeitas.

Não era um lugar fixo... mas era um único.

---

9 Vasari defende isso, ainda que eu tenha visto bastante de uma estranha perspectiva teatral em Pompeia: e, quando em Pompeia, pensei que estivesse, levemente, começando a ver como um teatro romano e seu espaço cênico e cena poderiam ter se parecido.

Tendo encontrado esse lugar, o arquiteto (que também era cenógrafo) assim construiu seu auditório, assim organizou seus camarotes, seus balcões, assentos, de modo a deixar um espaço livre em torno daquele lugar. Nele, colocou um praticável, não importando onde fosse; esse praticável, ele o avançou ou o moveu para trás – até que tivesse encontrado o ponto perfeito de onde visualizar as perspectivas.

Uma vez encontrado, onde fosse, ele fixou o praticável no chão: colocou lá uma cadeira para o duque… para o homem que tinha tornado possível todos esses esplêndidos festivais…

Cenário perspectivado, portanto, tem a ver inteiramente com um entendimento próprio e prazeroso da autoridade.

Em nenhum outro lugar do teatro, foi possível obter uma visão perfeitamente justa: no momento em que alguém se movia para a direita para a esquerda ou para frente e para trás, o efeito começava a ser meio estranho; movia-se mais ainda, ao norte, sul, leste ou oeste, e definitivamente isso parecia esquisito; movia-se ainda mais e parecia descentrado, por fim, tornava-se ridículo.

Mas tal era o poder da ideia de realeza – e o poder pessoal do governante – e a inata cortesia de seus súditos que, se alguns recaíssem a pensar maldosamente, como um todo, o resto da cidade já tinha se convencido de que tudo era como tinha de ser.

E assim foi dito: "O duque nunca viu isso como nós o vemos – ele alcança uma visão perfeita" – e explicações sobre como isso poderia ser eram dadas pelos artistas ao povo, de mestres a servos; até brinquedos foram apresentados para provar esse ponto… "Segure o brinquedo assim e você terá a visão que o duque tem." Ah, ele tem essa vista? Eles indagavam. Sim, ele tem! Então está tudo bem.

Eles sabiam que ele não reclamaria: aquilo era suficiente. Sabiam também que suas distintas visões não eram a sua visão; que, vista dos seus assentos, toda arquitetura entortava – pilares – arcos – degraus – tudo tomava o caminho errado; mas eles concordavam que, garantido que o duque estivesse agraciado, nada perceberiam, nada diriam. Tão italiano, tão esperto – indiferente – grande.

Uma batata ou um metrônomo (e eu conheço homens dos dois tipos) podem vir a pensar que isso é mais tolo do que grande: esses devem continuar argumentando abertamente sobre o assunto com a raça humana, pois minha noção de felicidade não é a de uma batata ou de uma máquina. Eu me deleito ao ver outros deleitarem-se, desde que eu nutra afeto pelos outros. A não ser que o duque esteja realmente se deleitando nesse seu teatro que nós fizemos, eu e meus amigos não estaremos felizes. Você, batata, e você, máquina – vocês são: *meno male*!

❡ E, por alguns séculos, todo mundo esteve contente.

E, de fato, se arquitetos e duques permanecessem o que eram, então talvez a cena de perspectiva não teria se tornado o que ela se tornou vinte anos atrás.

Porém, lá pelo ano de 1789, alguns problemas em Paris começaram a afetar o olhar dos europeus – e agora a boa cenografia da perspectiva, aquela quarta cena, já praticamente não existe.

Eu ouço dizer que o povo está se tornando mais forte a cada ano. Nunca soube exatamente o que isso significa – não tendo notado muita fraqueza naqueles povos na Grécia, Itália, Egito, Roma, França, nos velhos tempos.

Ainda assim, se eles estão se tornando mais fortes a cada ano, acho difícil resistir à noção de que devam, ao mesmo tempo, tornar-se mais doces – e aí estarão certos de recordar que o último teatro, com sua cena, era um presente para eles do duque – e que, em sua recém-conquistada força, irão certamente achar a graça para presentear toda a aristocracia com o próximo teatro.

Pois, falando em geral, existiram apenas quatro teatros – quatro cenas – quatro dramas – na Europa.

O primeiro era o melhor de todos, mas o último era tão bom quanto… e os dois no meio, imensos[10].

(7) ❡ Eu lhes dou quatro pequenos desenhos (Figuras 1, 2, 3, 4) que lhes revelarão esses quatro estágios, lado a lado.

Variações inumeráveis em torno desses quatro temas existem em nossas coleções públicas e privadas de livros, impressos, e desenhos, e o estudante poderá, se tiver paciência, com tempo, ver alguns deles.

Meu propósito não é entrar fundo nesse problema aqui, como faria um historiador – eu não tenho essa habilidade. Meu propósito

---

10 Foi nesse teatro do duque, e para essa quarta cena, que a maquinaria começou a ser empregada: não pela primeira vez, pois alguma maquinaria era usada no teatro grego e alguma na igreja. Mas essas máquinas parecem ter sido introduzidas e depois retiradas; elas não eram permanentes… ainda que no século XVI e XVII as máquinas tenham se tornado fixas.

Maquinaria fixada, que impede a mobilidade da cena, pode ser uma maldição para o drama. Era usada no século XVIII para facilitar as coisas – para fazer as mudanças cênicas mais fáceis. Mas só conseguiu torná-las mais difíceis. Influenciou tanto nosso trabalho de palco que, por volta de 1800, nós já não mudávamos nada… tudo se tornou *repetição*. Wagner, que é suposto ter reformado tudo isso, agiu como todos os reformadores… ele aceitou a coisa como ela era e fez algumas melhorias.

A maquinaria ainda controlava a cena.

Alexandre Hevesi pontificou que o maquinista é o inimigo do teatro – ele e o realista. Nós deveríamos perceber a verdade disso. Existem outros e ▶

é manter sua atenção nesses quatro desenhos, de modo que você possa ver o problema como um homem de palco o vê – um homem de palco de nenhuma escola estrita em particular, mas um homem de palco comum que veio a entender, depois de trinta anos de prática e estudo do espaço cênico, que cada cena tem seu lugar e que cada cena, cada uma, *em* seu lugar é admirável – mas *fora* de seu lugar é meramente um nada.

Guarde isso em mente, pois certamente é verdade.

O espaço cênico muitas vezes ofendeu; mas, depois de investigar, descobri que não ofendeu mais que a pintura, escultura, música, arquitetura e letras. Toda arte, e cada parte da arte, quando fora de lugar ofende. Cada amostra deve estar em seu *devido lugar*, aparecer na *hora certa*, ter razão para nem aparecer, e está tudo bem...

E deveria ser o prazer de todos os trabalhadores na arte dramática o de garantir isso, que nada esteja fora de lugar... e ninguém fora de lugar.

▷ campos para o maquinista. A arte deveria excluir o mecanismo. O *design* que eu lhes dei da primeira cena é o melhor que pude conseguir. Como o melhor? Porque mostra as paredes do espaço cênico de pedra – arquitetural.

Claro que entre os espaços cênicos grego e romano – que são duas partes da primeira cena – havia diferenças, mas eram diferenças principalmente de elaboração. As essências eram as mesmas – o *ponto* –, de que esse teatro era todo de pedra – era arquitetural – a *cena* era uma peça com duas outras partes – *orchestra* e *arena*.

Falando dessa "cena", Robustino Gironi diz em seu *Saggio intorno al teatro dei Greci*: "A cena dos gregos era perfeitamente similar àquela dos romanos." Pode ter sido ou não *perfettamente simile*.

Ninguém pode jurar sobre isso – nem mesmo o grande alemão Dörpfeld –, pois nenhum ser parece ter se confrontado com a apresentação de uma cena grega pura. Contudo, eu lhes dou esse retrato da cena clássica *par excellence*.

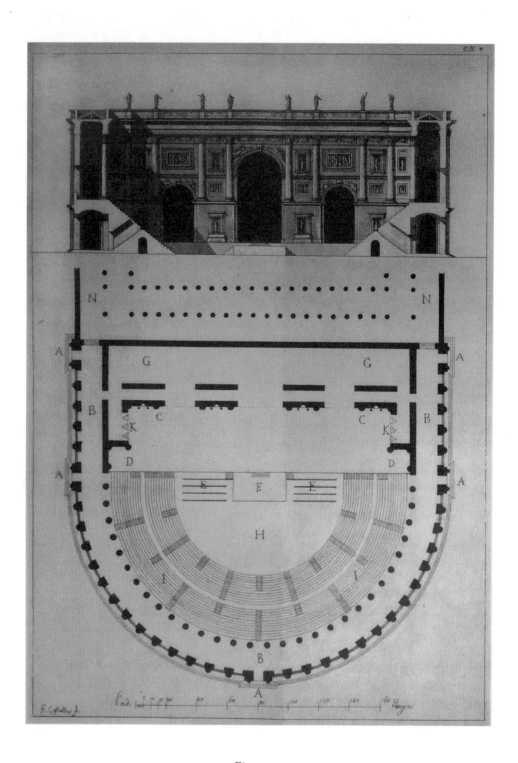

Fig. 1

Fig. 2

Fig. 3

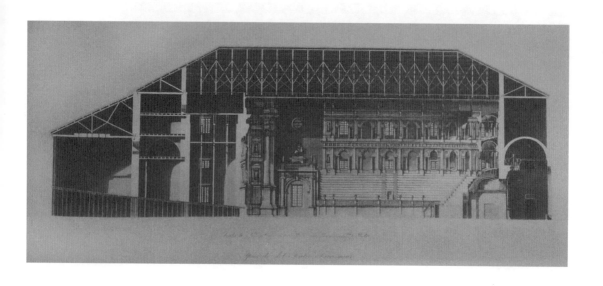

Fig. 4

Deveria ser o prazer e a missão de todos eles a de colocarem o drama em ordem novamente, e o mestre do drama em seu lugar – no comando de tudo.

(8) ¶ E quem é o mestre e quais suas obrigações?

Ele é o melhor homem.

Agora o melhor homem no drama deve ser o melhor homem nos teatros e no jogo com as coisas teatrais.

Em um período, ele é Molière, o ator-escritor. Em outro tempo, Sófocles, dançarino-ator-escritor. Num terceiro tempo, Andreini, somente ator. Em um quarto tempo, Shakespeare, ator-escritor. Em cada período você vê o melhor homem como ator. Dizem que Molière não era um bom ator; o que querem dizer eu não sei: que Shakespeare, atuando só em papéis menores... talvez. Ambos estavam em um teatro, cada um em apenas um teatro: não pulavam de uma companhia para outra; deram ao tempo e à natureza uma oportunidade de se desenvolver – crescerem como plantas – florescidas – fruto consumado...

Todos esses homens pensavam em termos do espaço cênico – teatro ao vivo –, trazendo homem, montanhas, paixões, sol, luz, sonhos, fantasmas, para dentro do teatro: não apenas por meio das palavras – por qualquer meio que pudessem conjurar – e, até o fim dos tempos, isso será assim e deve ser assim.

E se ocorresse, algum dia, de um que tinha o talento de ator ser arquiteto (como o eram Albegarti, em 1480, e Ariosti, em 1530), ele poderia combinar seus dois talentos para criar drama, e ao seu próprio modo – sim, mesmo quebrando pequenas tradições. É permitido.

Se ele fosse ator ou pintor e escritor, ele também poderia servir-se desses três talentos para criar drama... e um quarto se ele o possuísse. Mas ninguém que não seja primariamente ator pode sequer almejar criar drama.

Isso é o que quero dizer quando falo sobre o mestre do drama ser um homem do teatro.

Um outro pode escrever peças – elas podem ser sempre excelentes, como *She Stoops to Conquer* ou como *On ne badine pas avec l'amour*; mas elas não têm o toque genuíno do dramaturgo de boa cepa[11].

Eu nunca sustentaria que um pintor ou um escritor possa ser um verdadeiro dramaturgo – utilizando-se de seus poderes sobre os desenhos e sobre as palavras, e somente estes. Nunca sustentei isso. Sempre fui mal interpretado, como se sustentasse essas visões.

Cheguei a escutar um grande dramaturgo dizendo publicamente que eu sou um pintor... e que minhas cenas são tudo em que estou pensando[12].

Eu produzi cenas – isso por ver uma necessidade e possuir um talento para criar o lugar ou cena em que o drama tem que se mover.

Mas eu fui ator – e sou basicamente isto: sou capaz de escrever um pouco. Não considero tempo perdido o que é gasto na busca de se qualificar como um mestre (ainda que talvez apenas um pequeno

---

[11] Exceções nunca deixarão de provar a regra, e portanto temos em Goldoni, em Rossini e em alguns outros, homens que nos trouxeram peças cênicas que pareciam feitas por atores. (N. da E.: *She Stoops to Conquer or The Mistakes of a Night* [Ela se Inclina Para Conquistar; ou Os Equívocos de uma Noite], comédia de costumes de Oliver Goldsmith; *On ne badine pas avec l'amour* [Não se Brinca Com o Amor), de Alfred de Musset.]

[12] Craig refere-se aqui a Bernard Shaw, que era amigo de sua mãe, Ellen Terry, tratava-o como "Teddy" e costumava referir-se a ele como "um cenógrafo". Há uma série de artigos e comentários cruzados entre ambos. (N. da T.)

mestre) do teatro – e assim, talvez, do drama. Já é suficiente como desculpa pelas minhas limitações.

(9) ¶ E aqui vamos continuar para ver quais são as tarefas de um mestre do drama e do teatro.

Eles devem, hoje, reconhecer que o teatro como lugar de trabalho – seu palco, cena, atores e outros assistentes – é um assunto, para dizer o mínimo, não manejável, desarrumado e pouco prático, e (creio eu) para ser acionável deve-se primeiro simplificá-lo, e depois reelaborá-lo, ambas as coisas com o máximo cuidado.

Para simplificar uma coisa desse tipo é necessário tempo. Não pode ser feito em um mês – nem em dez meses; talvez nem em dez anos.

E para simplificá-lo você deve primeiro vir a conhecê-lo tão bem que, quando eliminar algo, não rejeite uma parte essencial da máquina.

Simplificar o palco foi o trabalho a que me devotei nos últimos 25 anos.

Acho que fiz o que me foi dado fazer[13].

---

13 Simplificar o palco: por isso não me refiro à maquinaria cênica ou cenografia ou iluminação cênica. Eu me refiro a todo o negócio do espaço cênico, de seus atores e cenas até seus próprios programas e sua guarda de pertences do público. Isso é o "espaço cênico": *nada menos do que isso o é*. Nenhuma *parte* me concerne menos do que outra. Cada uma em seu tempo deve ser colocada em seu devido lugar para que a máquina funcione de novo.

E, quando eu tiver levantado minha cena – mesmo levando alguns anos para fazê-lo –, ainda terei que trazê-la para os meus atores, e eles deverão aprender como usá-la. Feita para eles, merecerá a deferência e simpatia à altura da parte deles. Eles não podem simplesmente "deixar-se perder" nela... não mais do que poderiam deixar-se perder para falar um ▶

Quanto tempo ainda restaria para eu fazer a mais o que tive em mente, isso carece de ser conferido.

Agora, o que simplifiquei não foi, meramente, relativo a pedaços de cenário e efeitos de luz, velhos figurinos e música incidental.

Simplifiquei as possibilidades do drama.

Nenhuma cena com que eu operei foi operada por sua própria causa. Pensei somente no movimento do drama... dos atores... dos momentos dramáticos... aqueles longos, lentos movimentos e aqueles "fulgores de relâmpagos" (Coledrige)[14].

Eu vi, à medida que progredia, que as *coisas* podem, e consequentemente deveriam, desempenhar suas partes assim como as pessoas: que elas combinam com o ator e reclamam ao ator que as use, como as cadeiras nas peças de Molière o confirmam. Não são meramente três ou quatro cadeiras mortas que ele colocou no centro do palco. Ainda que escritores nos convoquem a olhar o vazio de seu palco – apenas três cadeiras, eles dizem. Estão loucos, esses homens? Não percebem como Molière fez essas cadeiras atuarem – como elas estão vivas e trabalhando em combinação com os atores?

As cadeiras e mesas nas peças modernas, que a grande atriz italiana[15] reivindica estarem mortas – pode haver seis ou mais, ou

> ▷ verso como se fosse prosa. Pois descuidar de qualquer das partes dessa máquina é arruinar a máquina. Nem uma única roldana deve estar fora de lugar... nenhum parafuso faltando... nenhum pino perdido. E para ver que o todo está em ordem e se mantém em ordem antes do trabalho começar e em todos os momentos enquanto estiver sendo feito, o mestre dessa embarcação dramática deve ser seu único e absoluto comandante. Isso ainda será compreendido. No momento, vejo que não é compreendido.

14 No original, *flashes of lightning*. (N. da T.)

15 Eleonora Duse. (N. da T.)

dezesseis mais, ou seis menos; tudo é como era... cena morta... uma maldição para atores e para o atuar.

Um dito lugar "real" é o que apresentamos no palco nos dias de hoje... real e, ainda, bem morto – sem expressão – incapaz de atuar.

As cadeiras, mesas e adereços de todo tipo de Molière eram poucos; ele aprendeu com a Itália que eles deveriam ser poucos para serem ouvidos – e cada um deles deveria falar no momento certo.

Os adereços de Shakespeare podiam falar também – mesmo com Cromwell e seus puritanos tendo arrancado suas línguas e quase desumanizado todo drama shakespeariano para nós.

A tradição, uma vez perdida, nunca mais recuperou, de fato, sua força original.

¶ Assim, então, criar um espaço cênico simplificado é a primeira tarefa de um mestre do drama.

Não rejeitando a eletricidade por conta de seus defeitos; não retornando às velas de banha; não retornando às máscaras; pelo *rechaço* de nada, pelo *retornar* a nada – mas por esse processo...

Revisando todas as coisas teatrais já conhecidas ou uma vez reconhecidas como utilizáveis no espaço cênico... testando-as reservadamente, rejeitando aquelas que pareçam ocas e inúteis, e guardando todas aquelas que passem no teste.

Que teste? O teste quanto a elas serem ou não capazes de expressão. Isso e um pouco mais. Nós precisamos nos perguntar:

Será que uma vela de cera nos serve para expressar um sol nascente? Se sim, então use-a. Não serve? Então rejeite-a. Mas o teste é antes – não descarte nada até que você o tenha testado. Será que uma máscara nos serve para expressar tal ou qual emoção? Se sim, use-a; se não, fora com ela. Será que o canto serve para algum propósito? Se sim, que propósito? Tem algum valor? Então retenha o canto: se nenhum, fora com ele. Será que esse ou aquele sistema de gestos serve? Preserve-o ou livre-se dele. Podem os atores ser ensinados? Até que ponto? Qual forma de espaço cênico é a certa para essa ou aquela peça – qual a mais próxima da melhor, qual a menos boa? Escolha a melhor. Não existe? Então construa uma. Quaisquer que sejam as respostas, submeta-se a elas. Essas e centenas de outras noções – esperanças – medos – têm todas de serem testadas para simplificar-se aquela máquina conhecida como teatro[16]. Isso se pro-

16 Mas o que eu exijo e o que a arte exige e o que as pessoas de uma nação que pagam pelo teatro têm o direito de exigir é que o mestre do palco seja a única voz a impor autoridade... e essas decisões, tais como o que deveria ser, não deveriam ser vocalizadas por qualquer número de sentinelas do palco, mas somente pelo mestre do palco... sim, nem mesmo pela amante.

Eu os desafio a criar uma obra de arte no teatro quando ninguém, além de uma única mente, e única voz, domine.

"Você vai provocar os socialistas e comunistas com essa fala." Disse um amigo. Mas eu conheço os socialistas e comunistas tão bem como meu amigo. Eu concluí (e, sem dúvida, vocês também) que todos os artistas que são comunistas ou socialistas são oponentes ferozes de uma divisão de autoridade. Para eles, mais do que para qualquer outro, deve haver apenas um chefe. Na verdade, comecei a pensar que esses senhores que são supostamente tão desordeiros têm realmente uma ideia de ordem tão boa quanto Pedro da Rússia uma vez a teve... melhor eu não diria.

Minha própria ideia de ordem não é tão mixa como a do tsar ou a dos comunistas. Minha ideia é a antiga, não minha própria. Se você tem cem homens trabalhando para você, ou se tem mil, mantenha-os empenhados o tempo todo. Dê-lhes tempo para descobrirem qual o serviço que cada um pode fazer melhor. Dê a eles esse serviço. É esse que vão apreciar. Os homens e mulheres trabalhando hoje nos teatros não estão todos eles fazendo o que gostam. Eles amam o teatro, isso nós podemos conceder – mas nem todos amam seu trabalho específico. Quando eu tiver um teatro, ►

vará muito caro, você pode presumir. Presumir não é se certificar, o fato é mais certo – e os fatos nos mostram que evitar testar tudo é o método mais caro de todos.

¶ Mas agora considerem. Suponham que uma máscara pudesse ser boa aqui – ruim ali. Boa em uma peça de Shaw – ruim em uma peça de Sófocles – sensacional em uma nova forma de peça – e apenas boa em Ibsen.

Eu lhes peço para supor isso.

Bem, então, nós teremos tanto que rejeitar como aceitar a *máscara*; – e essa descoberta nos leva a ver que não existe *nada* que possamos rejeitar absolutamente. Devemos aceitar *tudo, mas não aceitar completamente*. Isso também nos leva a perceber que não é a aceitação integral ou a rejeição integral que devemos buscar, mas ordenação – desenvolvimento – crescimento. Eu repito, nosso teatro é como um crescimento.

Nós só temos que colocar nossos palcos uma vez mais em ordem, para consertar todas as partes de seis quebra-cabeças juntos, que de algum modo foram misturados confusamente em *uma caixa*, e podemos então dizer que estamos *prontos* para servir o público.

> ▷ pretendo descobrir o que mais um ator pode fazer bem e se ele pode fazer isso melhor do que pode atuar, e se gosta de fazer isso ele deve ser liberado de atuar e posto para fazer aquilo que aprecia. Assim, ele será capaz de fazer um grande nome enquanto antes (como ator) só poderia falhar. De pessoas preguiçosas eu não vou falar – ou me preocupar com elas – nem com mixarias. Eles podem acordar em um mês ou ir-se. Quando eu tiver um teatro, não pretendo entrar nele armado de um plano feito pela máquina sobre como tudo deve ser feito. Pois, como eu digo, não sou tsar nem comunista. O teatro é como um jardim – as coisas devem crescer nele de acordo com as leis da natureza ajudadas pelas pequenas habilidades dos jardineiros.

Agora, se você tem qualquer noção de organização, saberá que isso não é para ser feito apressadamente (exceto por um Reformador) – ou terminado no papel com penas e tintas, ainda que se possa começar dessa forma. Eu comecei assim por 25 anos. O que comecei só pode ser completado em escolas sob a minha direção, devotadas ao exame desse vasto material, e por homens devotados aos diversos ramos da arte dramática de todas as terras e familiares a eles.

Não pode ser começado por um homem e apanhado e levado adiante por outro sem perder praticamente todo seu valor. Não pode ser feito desse modo. O desenvolvimento de uma ideia ou de um plano, para ser valioso, deve ser completado com a supervisão de seu criador. Isso parece não ter ainda sido suficientemente compreendido nos dias que correm.

❡ O mestre do teatro e do drama, tendo simplificado seu plano, tem agora que decidir qual caminho deve tomar para entregar seus bens às pessoas.

Há dois meios. O velho caminho e o novo caminho.

O velho caminho (ainda espero que seja o de mais juventude) é colocar todas as suas descobertas a serviço de algum condutor[17] – ou condutores ("patrão" era o velho e respeitoso título).

Esse homem ou esses homens garantirão que essas descobertas alcancem as pessoas a ponto de ser um benefício para elas. Esses homens existiram – mas não com muita frequência. Mais frequentemente eles constrangem o mestre do teatro e impõem sobre ele seus egoísmos pesados e desimportantes. Isso é fatal

---

17 *"Signor* Mussolini fez uma visita a madame Eleonora Duse e discutiu com ela os melhores meios de fazer o teatro italiano representar a vida espiritual da nação." Cf. *Daily Journal*, 4 dez. 1922.

porque pode custar muito. Então existe um novo caminho. É o puro *business*.

E, ainda que me desculpando eu tenha que admitir isso, me parece ser o melhor.

Os negócios não precisam explorar a arte; não têm direitos sobre ela – para mudá-la; não é função dos homens de negócios mudar a arte; é a do artista. Se ele colocar suas posições claramente no começo, e se ele recusar-se a aceitar condições que são ruins para as artes, os homens de negócios sensíveis compreenderão e concordarão.

Mas se não concordarem, ele, mesmo assim, não precisa rebaixar sua arte, pois pode ser um homem de negócios depois que tiver completado sua obra de arte.

Assim, então, o mestre do teatro como uma arte tem sua próxima tarefa clara diante dele.

Será levar isso para as pessoas desamparadas. E há meios de fazer isso que só se mostrarão a nós depois que tivermos estabelecido nosso nome, nosso direito ao reconhecimento como o primeiro em nossa linha.

Ser o primeiro nessa linha para sustentar os bens é ser o mestre do palco.

(10) ¶ Até aqui nossa investigação sobre o progresso da cena nos revelou que houve quatro períodos distintos...

Isso nos traz a um quinto período.

E que período.

É um período de internacionalismo – todo tipo de cena está "no mercado".

Nós devemos aceitar isso – e simplificar como eu disse.

Inútil seria percorrer os oito ou nove mil teatros que existem hoje, chamando administradores para reformá-los.

Eu nunca fui um reformador... mas alguns administradores o são. Eles já fizeram o bastante para reformar suas casas. Outros são celebrados apenas por instituírem reformas. Stanislávski – Reinhardt – Rouché – Copeau – Barker – Gessner – Antoine – Scandiani e homens antes deles; ...Irving, o duque de Meiningen, Barnay, Talma e uma dúzia mais. Todos foram reformadores.

Mas isso é tudo no que diz respeito aos seus créditos pessoais como administradores: não poderá nunca ser tomado em favor dos artistas. É uma questão de propósito e revela uma capacidade de fazer a limpeza.

Artistas que têm o instinto criativo nunca reformam as coisas... eles as criam. Reformas, para eles, parecem uma perda de tempo. Por que gastar dez horas desentranhando cordões embaraçados quando, em cinco minutos, o artista pode fazer um novo novelo?

E agora, com a vossa permissão, irei para a quinta cena – a cena que eu criei[18].

¶ Essa cena de que irei falar não é a cena mostrada nos dezenove desenhos reproduzidos neste livro. Mas emerge desses desenhos.

Como esse livro não deve ser lançado numa edição popular – e como chegará somente àqueles que já conhecem meus

---

18 Eu fiz essa cena (foi chamada "As Mil Cenas em uma Cena") para meu próprio palco.

Não sou, infelizmente, um vendedor de cenários para outras pessoas: eu vejo que não sou.

outros livros e tiveram tempo de estudá-los – não tentarei explicar esses desenhos, assim como você não pediria a um músico para "explicar" uma fuga que ele tivesse composto. Eu os fiz em 1907, enquanto escrevia meu livro *Sobre a Arte do Teatro*, aquele livro que contém os ensaios "O Ator e o Ubermarionete" e "O Artista do Teatro do Futuro".

Esse tanto eu posso acrescentar. Esses desenhos são todos uma cena, não vinte cenas: uma cena. Não cenas de palcos com telões e madeira e artificialmente iluminados por luzes de ribalta e suportes e refletores. Elas são iluminadas pelo sol. São reais, não mecânicas.

¶ Se tivesse sido assumido como vantajoso me apoiar depois de 1900 e 1904, quando produzi meus primeiros trabalhos londrinos para o palco – administrando, desenhando e ensaiando cinco produções completas para Londres, eu já deveria, a esta altura, apresentar-lhes essa cena, revelada aqui só em imagens, de fato materializada. Eu lamento muito que seja capaz de entregar tão pouco quando quis tanto dar-lhes tão mais... tudo. Não é culpa de ninguém senão minha e sua. Minha por não ter nascido russo ou espanhol, sua por terem sido ensinados a renegar seus artistas. Vocês não podem ajudar nisso – todas as coisas são imutáveis e estão certas como elas estão, e em todo lugar na Europa e na América esse ensinamento de desprezar bens feitos em casa é imposto à espécie humana. Alguém mais poderá explicar por quê. Os italianos foram, certa vez, ensinados a não apoiar seus Marconis; nós, na Inglaterra, fomos os primeiros a apoiá-lo. Darwin trouxe ao homem inglês uma descoberta muito simples – que ele meramente fez progredir como uma teoria; instantaneamente se aprende a fazê-la em pedaços com unhas e dentes. Wagner vem com suas mãos cheias de coisas boas e é rejeitado pela Alemanha. Nietzsche, na Alemanha, abre a boca profética; imediatamente, endereçam-lhe um punho para ser enfiado pela sua goela. Rejeitar Byron e aceitar Woodsworth – Southey era muito custoso para a nação. Em números redondos, custa quase uma coroa. Perseguir Voltaire e paparicar Beaumarchais custa mais do que um franco – mais que oitenta milhões – custa a vida do *Ancien Régime*. Rejeitar no atacado o genuíno e aceitar o falso sem nenhuma consideração, como é feito nos dias de hoje, não é recomendável.

O erro é ir aos extremos, mesmo quando se tratar do genuíno – pois então a carga acaba recaindo à nação, e as pessoas é que perdem. Algum caminho pelo meio teria sido melhor.

¶ Pois então eu lhes teria dado a coisa mesma, não sua mera aparência, se tivesse sido empregado depois de eu ter mostrado o que podia fazer.

Mas, mesmo a despeito de toda essa indiferença, fui capaz de levar o trabalho um passo adiante, no sentido de realizá-lo dando com ele um passo atrás.

Nesse trajeto. Essas gravuras em metal, podemos chamá-las obras-mãe de que uma outra emergiu. Essa outra é menor – pretende fazer menos – pede menos – e de algum modo se assemelha a seus pais. Foi um subproduto dos vinte desenhos ao fim deste livro[19].

---

19 Gordon Craig refere-se, um pouco antes e um pouco depois, a dezenove gravuras em metal, número que, de fato, integra o volume original, de 1923. (N. da T.)

Essa cena menor, "As Mil Cenas em uma Cena", eu usei uma vez em um teatro em Moscou para uma encenação de *Hamlet*[20], e foi usado por W.B. Yeats, para quem eu me orgulhei de oferecê-la, em algumas encenações do seu Abbey Theatre.

No entanto, apesar de ter sido usada ao todo, suponho, em umas quinhentas apresentações, nunca foi utilizada como pretendi que fosse, exceto em dois grandes palcos modelos que construí em Florença.

Nesses palcos, permiti que existissem e se comportaram bem. Em Moscou e Dublin, não lhes foi permitido serem elas mesmas, e eu não posso julgar que desempenharam bem.

Pois essa cena tem uma vida própria... Não é uma vida que, de qualquer modo, vai contra a vida do drama. Eu a fiz para servir o

20 Shakespeare e a maioria do drama poético a ser encenado tem a suprema necessidade de uma cena de natureza especial... uma cena com uma face móvel.

Se uma pesquisa cuidadosa for feita, se perceberá que Shakespeare não teve ainda uma cena especialmente criada para suas peças.

Eu tentei suprir com uma – uma cena para o drama poético, tratasse ele do que tratasse.

Muitas vezes foi dito, e será dito de novo, que Shakespeare cria suas próprias cenas na medida em que avança, usando palavras para conjurá-las diante da nossa imaginação.

Mas, então, ele também usa palavras para conjurar diante de nós todas as pessoas – seus figurinos. Vamos nos recusar a visualizar tudo?

Devemos guardar Shakespeare para lê-lo silenciosamente em nossos quartos? Se é verdade, então, que ele não é mais para o palco, está tudo bem. Mas se ele é apresentado por atores, e não apenas por palavras, vestidos em verdadeiros figurinos que indicam algum período, então nos deixem propor uma cena em torno disso que deva sugerir algum lugar – ou tudo são palavras ou deixe tudo ser visualizado.

Essa é claramente a conclusão lógica de toda a questão.

drama, e ela o faz; serve o drama poético plenamente; e talvez eu perceba mais tarde que pode se fazer ainda mais útil.

Eu a chamo "a quinta cena", pois atende aos requisitos impostos pelo espírito moderno – o espírito da mudança incessante: os cenários que nós viemos usando para as peças por séculos eram apenas os velhos cenários estáticos feitos para serem trocados. Isso é uma coisa bem diferente de uma cena que tem uma natureza mutante.

Essa cena também tem o que eu chamo de um rosto. Esse rosto expressa. Seu formato recebe a luz e, à medida que a luz muda sua posição e fazem-se algumas outras mudanças, e considerando que a própria cena altera sua posição – os dois atuando em concerto como em um dueto, ambos revelando-a como em uma dança – até o ponto de expressar todas as emoções que eu quero que expresse. Sempre consciente de que, como um pano de fundo ao drama ou à atuação, só pode desempenhar seu ofício com discrição (e eu espero ser artista o suficiente para saber como fazer isso), enquanto mais uma vez pode avançar e atuar de algum modo em um papel mais proeminente.

Esse tanto, não mais.

Espero que não seja nem de menos nem demais.

(11) ¶ Não é necessário baixar a cortina durante a peça para que esta avance da cena um para a cena dois e para a três até atingir a décima sexta.

A cena se sustenta por si mesma – e tem um único tom. Toda a cor utilizada é produzida pela luz, e eu uso um bom tanto de cores novamente – tais cores como nenhuma paleta jamais consegue produzir. Acredito que possa dizer que eu não vi cor tão rica usada em qualquer cena ou qualquer palco senão neste...

E proponho esses poucos fatos porque os dezenove desenhos em branco e preto da cena-mãe nesse livro podem desencaminhar você na suposição de que eu começo e termino com branco, cinza e preto.

¶ Eis, pois, a quinta cena – uma cena de forma e cor sem nenhuma pintura sequer – sem nenhum desenho nela – cena simplificada, com a mobilidade acrescentada a ela.

Agora uma palavra sobre essa palavra "simplificada": ...deixe-me explicar o que quero dizer com isso.

O mundo já usou canetas de bambu – depois canetas de pena – e depois canetas de aço. Estas eram molhadas em potes de tinta: muitas vezes um homem molharia a pena ali antes que pudesse escrever uma página de sua carta.

Alguém então inventou a caneta tinteiro. Um homem pode escrever toda a sua carta sem molhar a pena nenhuma vez em qualquer pote.

O mundo então inventou a máquina de escrever.

Eu compararia minha cena à caneta tinteiro e não às máquinas de escrever.

Não é um pedaço de mecanismo; é um dispositivo simples, formatado como telas – angular – liso.

Por que é formatado assim? Por que telas ou paredes lisas e chatas?

Eu vou lhe contar. Você deve supor que estou fazendo na sua frente rapidamente o que me tomou anos para fazer vagarosamente. Considere-me, então, buscando encontrar a forma essencial de habitação do homem, de modo a fazer depois a habitação cênica para o homem da cena.

Eu fiz rapidamente 250 modelos de suas várias habitações por toda a terra. Fiz duas como usadas por ele em 5000 a.C. , três em 2000 a.C., cinco em 500 a.C., dez em 100 a.C., vinte em 100 d.C., trinta em 1000 d.C., sessenta em 1500 d.C., cinquenta em 1700 d.C. e setenta em 1900 d.C.

Eu as pus de pé e alinhadas: eu as estudei.

Pretendo rejeitar todos os pedaços de cada habitação que eu não encontre em todas as outras.

Por quê?

De modo a fazer *uma* cena.

Por quê?

Porque esse fazer de cenas é algo como uma arte e não uma fábrica de brinquedo. Não quero o lixo da babá no meu teatro.

Não quero gastar anualmente milhares de libras no costumeiro bricabraque do teatro moderno.

Porque é um desperdício de dinheiro – madeira – panos esticados, e não quero desperdiçar os poderes e a paciência de espectador dos espectadores e os poderes de artista do artista. O artista fala para os espectadores por meio da cena, ele não existe para dispor-lhes uma grande casa de bonecas.

Tendo rejeitado nos 250 modelos qualquer peça que não pudesse ser encontrada em todas as outras peças, eu concluí que me restavam as partes essenciais que formam a habitação do homem. As paredes permanecem:

O chão.

O teto... nada mais.

E como eles são formatados?

Haverá pilares neles, próximo deles? As partes se estendem. O telhado, por exemplo? Alguma cornija? Algum rodapé? Haverá portas, janelas, calçadas e assim por diante? Não. Porque eu não achei tais coisas em todos os modelos. Descobri que as únicas coisas em todas as habitações humanas eram: chão plano, paredes planas, telhado plano.

O telhado liso é a única parte da habitação humana que pode às vezes variar.

⁋ Pois agora você vê como é que minhas telas – minha cena –são compostas como paredes planas e lisas. Eu queria reduzir a cena à sua essência e a descobri ela própria reduzida. Não fiz mais do que me foi ordenado.
Depois, acrescentei-lhe mobilidade.
Por quê?

Primeiro, porque ela parecia pedir isso. Segundo, porque continuou a pedir isso. Pedia isso em nome do ator. Essa mobilidade permite a ele se mover pelo tempo que desejar em uma cena diferentemente formatada a cada noite. Caso ele não se sinta em casa nesse formato, ele pode mudá-lo e novamente mudá-lo. É como uma centena de pares de luvas – ele pode logo encontrar o par que lhe serve e lhe agrada.

Sendo um dispositivo e não uma habitação real, parecia pedir que eu o fizesse de modo que pudesse parecer ora um interior e ora o exterior de qualquer habitação já conhecida no mundo – barraco de barro ou templo – palácio de Versalhes ou a loja do senhor Harrod.

E ele poderia ser esses quatro lugares?

Pode *parecer* cada um dos quatro... pode parecer quatrocentos outros. Tem mesmo uma clara semelhança com quatrocentos diferentes lugares.

Não quero dizer que eu deveria mostrar-lhe sempre o papel de parede que existe no escritório do senhor Harrod... ou sempre os dourados do palácio de Versalhes... ou sempre o mármore no templo ou a lama no barraco... Mas lhe darei a forma dos quatro lugares, a luz pertencente a cada um deles – e três ou quatro detalhes: aqui uma porta acrescentada, ali uma grelha e aqui de novo uma alcova que, quando você as vê, deveria de algum modo trazer-lhe à mente a convicção de que vê o que era minha intenção fazê-lo ver.

E você pergunta: imagine que eu não veja o que você intencionava me fazer ver?

Haverá trinta ou oitenta que não veem como outros cinquenta que veem: quanto a isso não posso ajudar... calha que sempre foi assim.

Algumas pessoas que iam ver Irving como Mathias em *The Bells* ou Coquelin como M. Jourdain viam Mathias e M. Jourdain. Um número menor de pessoas não via nada parecido com isso; elas viam apenas Coquelin e Irving. Mas se, como todo bom frequentador de teatro, você vai ao teatro para ver o que nós queremos lhe mostrar, você verá isso se nós formos realmente bons trabalhadores do teatro.

O que o dispositivo faz?, pergunta você.

Como ele atua?

Ele faz isso: se vira em parte ou totalmente para receber a luz[21].

Eu sintetizaria todo o problema com essas palavras.

– Então é tudo um problema da luz?

---

21 Isso não tem nenhuma relação com a pintura – o que é pintado nos cenários antigos, eu pinto com a luz não é usado nenhum tipo de pintura.

Não vamos nos apressar com nosso "tudo um problema de"; eu temo que não se possa dizer que seja tudo um problema de uma coisa qualquer.

Não se chega à simplicidade e à elaboração por nenhum processo mais rápido do que aquele de simplificação e elaboração que um atleta perfeito ou um nadador perfeito necessitam para ultrapassar os outros... e com o corredor e nadador não é tudo um problema disso ou daquilo... é um problema de atender a uma centena de coisas todo o tempo.

¶ Vamos em frente. Ao criar uma cena para um drama que valha ser ouvido e valha ser visto, não podemos nunca esquecer o que os espectadores demandam.

Uma das primeiras exigências é que eles sejam capazes de ver e ouvir os atores à medida que encenam diante de nós, especialmente seu rosto (ou máscara) – e suas mãos e pessoa.

Por isso, qualquer teoria que tente estabelecer os usos da luz em relação à cena sem definir o uso da luz para a atuação é sem valor[22].

Aqui, pois, estão alguns fatos gerais que são úteis de se lembrar:

1.   Você pode ver melhor um rosto – uma mão – um vaso – uma estátua quando elas têm como fundo uma superfície plana, lisa e sem cor do que quando têm como fundo algo em que um padrão colorido ou algum outro objeto está pintado ou esculpido.

---

22 Sendo o ator e a cena apenas um, eles devem ser mantidos enquanto um diante de nós ou estaremos olhando para duas coisas e, assim, perdendo o valor de ambas. Seu valor está em serem um. Sendo um, a peça, o ator, a cena têm que ser mantidos diante de nós e vistos e ouvidos como um – ou ficaremos olhando para um e para o outro e perderemos o conjunto.

2.   A sombra de uma coisa (rosto, mão ou estátua) é visível para os olhos sem dificuldade ou distração e é visível ao mesmo tempo que o é a coisa mesma.

3.   Quando o rosto, mão ou estátua são removidas, uma tela plana torna-se uma coisa chata de se olhar – os olhos se cansam.

4.   O olho não pode olhar para dois objetos ao mesmo tempo. Quando ouvimos um falante, seja em um quarto ou em um *hall* ou em um teatro, nós só olhamos para uma coisa – seu rosto.

5.   Em um teatro, nossos olhos seguem o falante; consequentemente, quando dois estão falando, é comum e é melhor para esses dois que estejam o mais próximos possível um do outro.

6.   É essencial que eles estejam em sintonia no trabalho. Qualquer divisão nisso e nós sentiremos imediatamente a divisão e não veremos nenhum dos atores – nossos pensamentos irão se deter sobre o cenário.

7.   A tela contra a qual um ator é mais bem visto é uma branca – pois pode ser sombreada até qualquer tom de cinza, escurecida pela sombra; colorida por qualquer cor, e isso sem mudar a cor do rosto do ator, de suas mãos ou aparência.

8.   Não há mesmo necessidade de que o rosto de qualquer ator seja posto à sombra e sua expressão perdida até que perca qualquer distinção expressiva… então, de fato, o melhor seria obliterá-lo.

9.   Nunca houve nenhuma necessidade de um cenário que assumisse uma aguardada proeminência senão no dia em que o

ator perdeu seu poder de expressão, seu poder de agir, até que começou a exigir o uso correto da cena e da luz.

10. O uso da luz para o ator é aquele que o ajudará e o apoiará se este lhe mostrar consideração. Pois a luz pode ser usada de muitas maneiras dramáticas – cabe ao ator conhecer pelo menos cinquenta ou oitenta dessas maneiras. No momento, ele reconhece em torno de seis.

11. O uso da luz para o ator só deve ser estudado pelo ator se ele observar o modo como a luz joga sua participação sutil na vida real. Se ele observar, logo perceberá que a luz cênica pode ser a melhor amiga de seu trabalho. Como um apoio à sua observação, o tratado de Leonardo da Vinci sobre a luz pode ajudar um ator suficientemente avançado em seus estudos.

*   *   *

¶ Tendo estabelecido alguns dos usos da luz para o ator, eu posso agora partir para estabelecer a relação da luz com essa cena.

A cena se volta para receber o jogo da luz.

Essas duas, cena e luz, são, eu repito, como dois dançarinos ou dois cantores que estão em perfeita sintonia.

A cena supre as formas mais simples, feita de ângulos retos em paredes lisas, e a luz corre para dentro e para fora e por toda a extensão delas.

A cena não é meramente posta (ainda que, importante frisar, se sustente em seus próprios pés) sobre o palco sem pensar-se em como será arranjada e alguma luz projetada sobre ela, sem considerações sobre que luz – à medida que jorra – e o que esta luz afinal poderá fazer.

No arranjo da cena, e no virar-se para receber a luz, e no arranjo e direcionamento da luz restam algumas pequenas dificuldades.

Novamente, a relação da luz com essa cena é semelhante àquela do arco com o violino ou da caneta com o papel.

Pois a luz *viaja* sobre a cena – não fica para sempre em um lugar fixo... viajando, ela produz música. Durante todo o percurso do drama, a luz roça de leve ou corta, inunda ou goteja, não é nunca realmente parada, ainda que com frequência suficiente seu movimento não deva ser detectado até que um ato tenha chegado ao fim, quando, se tivéssemos qualquer poder de observação restante (e o drama nos deveria curar de qualquer desejo furtivo de observar), constatamos que nossa luz mudou completamente.

Cena e luz então se movem.

Eu posso ter qualquer número de peças em minha cena e posso ter qualquer número de lâmpadas.

Por enquanto, falaremos de uma cena com cinco peças – cinco telas e com dez lâmpadas.

Tendo ensaiado com um pequeno conjunto delas em meu espaço cênico modelo no meu quarto, eu chego ao meu teatro e às minhas telas e lâmpadas maiores. Eu coloco minhas telas em sua posição inicial. Depois, testo cada uma de acordo com sua rotina prescrita – isto é, meus oito ou dez manipuladores de telas ensaiarão com cada uma delas para ver se são flexíveis e se cada homem está bem ajustado. Isso feito, eu próprio vou para minha mesa de luz e testo cada conexão, cada lâmpada – a força da luz – a suavidade de cada polia, roda, andamento, e assim vai...

Quando estou certo de que minhas telas e minhas lâmpadas estão realmente prontas, eu começo o ensaio.

O texto é lido no compasso em que será enunciado e, em cada deixa apontada, uma única aba ou duas de minha tela se move – ao mesmo tempo, uma das minhas lâmpadas começará a jogar sua luz com uma determinada força e de uma determinada posição e direção.

A cada deixa, outra aba ou outras abas se movem – avançam – retrocedem – dobram-se ou desdobram-se – de forma imperceptível, ou talvez algumas vezes marcadamente, enquanto ao mesmo tempo outras lâmpadas começarão a funcionar, mover-se em suas posições, alterar suas intensidades, mudar suas direções[23].

Minhas telas podem mover-se de e para qualquer ponto no palco e nada obstrui sua passagem.

Minha luz pode passar de e para qualquer posição no ar ou no espaço cênico e assim jogar-se sobre qualquer ponto que eu necessite.

23 Esta arte eu posso lhe ensinar, mas não com pressa, pois me tomou anos para chegar a ela.

Requer que você aprenda a natureza dessa cena... o modo como ela pode ou não se transformar – suas possibilidades – suas limitações. Requer que você aprenda a melhor posição para a luz, seja ela solar ou elétrica; os melhores meios de jogar essa luz sobre a cena, colorindo-a, controlando-a. Eu não conheço ninguém que já tenha aprendido isso, ainda que alguns finjam ter esse conhecimento.

Isto é o que eu posso ensinar, pois é o que venho experimentando diariamente, até para ensinar a mim mesmo.

Não posso dar-lhes teorias sobre a cena, pois sei tão pouco sobre isso teoricamente quanto o palhaço na peça sabia sobre a cobra que ele trouxe para Cleópatra. Sobre mulheres, ele teorizava, sobre as minhocas, ele se retraía; tudo que ele disse era principalmente advertência: "Perceba você", diz ele, "a minhoca não é confiável a não ser para preservar pessoas sábias"; mesmo assim, ele prossegue como eu prossigo, dizendo, "eu desejo que você se divirta com a minhoca".

Como essas duas tarefas simples são realizadas, eu lhe mostrarei com diagramas que tornam isso bem claro, um ano depois de ter-lhe mostrado seus desempenhos em várias peças[24].

Sinto muito que não possa mostrá-las a você aqui e agora... mas se eu o fizesse minha iluminação e seu mecanismo simples seria rapidamente apanhado por algum produtor de teatro sempre alerta ou por algum de seus assistentes, que lhe colocaria a coisa diante de si de uma maneira que eu acho que poderia satisfazer os espectadores mais pedestres[25], a quem Shakespeare alude, mas que, estou certo, não o satisfaria.

Portanto, esse é um daqueles dispositivos que eu deveria guardar para você até que nos seja autorizado ter um teatro – e você possa vir a ele como espectador, e eu para trabalhar nele "a seu serviço" como um artista.

É suficiente acrescentar que posso iluminar o rosto, mãos e corpo de qualquer ator, esteja ele em qualquer parte do espaço cênico, e sem iluminar a cena, e posso pintar com luz qualquer parte da cena sem obliterar o ator em nenhum momento.

E eu não poderia dizer isso oito anos atrás.

Estou capacitado a dizer isso agora porque descobri como fazê-lo no curso dos últimos quatro anos.

24 Depois que essa pequena cena de telas com o seu pequeno método de iluminação for adotado, avançarei para o desenvolvimento dessa cena maior mostrada a você nas vinte gravuras em metal. Essa é uma realização muito mais difícil – mas pedir para vê-la posta em prática enquanto a versão menor de *algo* como a mesma coisa permanece por ser concretizada no teatro inglês – e em um teatro meu – é, creio eu, olhar um pouco à frente demais.

25 Gordon Craig usa aqui a intraduzível expressão *groundlings* para referir-se ao público que ficava no chão do teatro elisabetano. (N. da T.)

A questão seguinte, sobre o quanto é desejável e necessário *sempre* iluminar o ator a qualquer momento da peça com a mesma quantidade de luz, é uma que hoje acredito que possa ser considerada *com* o ator... ninguém é mais razoável que ele quando o teatro é aberto e levado na boa.

¶ Um pouco mais deve ser dito e terei terminado.

Eu posso colorir minhas telas ou a forma do ator em grande parte no mesmo grau e com a mesma força e qualidade que um pintor utiliza em suas pinturas. Emprego apenas luz... ele emprega suas tintas.

Estou limitado pelos meus meios tanto quanto ele o está pelos seus, e ambos temos que obedecer nossos materiais e ferramentas particulares. Ele não pode fazer nada além de preencher uma superfície plana com cores. Eu não posso mais do que projetar minha luz sobre minhas telas e figuras.

Mas enquanto ele tinha seus materiais e ferramentas já descobertos e um método bem consolidado que lhe foi ensinado, eu tive que encontrar meus materiais e ferramentas, e fui obrigado a inventar um método para usá-los.

Consequentemente, se eu ainda não alcancei um método tão perfeito de usar essas coisas como ele o fez, e se eu não puder alcançá-lo antes que eu seja obrigado a desistir do trabalho, outros para quem deixarei meus planos e experimentos devem continuar depois que eu tiver terminado e descobrir melhores modos, se puderem.

É por essa séria razão, tanto para preservar como para não perder as descobertas que eu fiz, que anseio enormemente que possa ter uma oficina e assistentes suficientes que possam levar adiante esse trabalho após minha morte. A nenhum outro confiarei o que eu espero não estar sendo muito presunçoso em considerar de valor.

Esta página permanece como um testemunho de que anunciei minha necessidade dessas coisas e de que me foram dados os meios de preservar minhas descobertas para aqueles que vêm depois de mim.

Ou pode servir como um testemunho para exatamente o contrário.

GORDON CRAIG

1922

AO VELHO BACH

PRANCHA I
1907

PRANCHA 2
1907

PRANCHA 3
1907

PRANCHA 4
1907

PRANCHA 5
1907

PRANCHA 6
1907

PRANCHA 7
1907

PRANCHA 8
1907

PRANCHA 10
1907

PRANCHA II
1907

PRANCHA 12
1907

PRANCHA 13
1907

PRANCHA 14
1907

PRANCHA 15
1907

PRANCHA 16
1907

PRANCHA 17
1907

PRANCHA 18
1911